DES FEMMES
D'HONNEUR

Lise Payette

DES FEMMES D'HONNEUR

Une vie privée

1931-1968

Libre Expression

Données de catalogage avant publication (Canada)

Payette, Lise, 1931-

Des femmes d'honneur

Autobiographie.

ISBN 2-89111-745-X

1. Payette, Lise, 1931-   .   2. Québec (Province) – Politique et
gouvernement – 1976-1985   3. Animateurs de télévision – Québec (Province) –
Biographies.   4. Écrivains canadiens-français – Québec (Province) –
Biographies.   5. Femmes ministres – Québec (Province) –
Biographies.   I. Titre

FC2925.1.P39A3 1997   971.4'04'092   C97-940764-8
F1053.25.P39A3 1997

Photographies de la couverture
JEAN BERNIER ET ARCHIVES FAMILIALES
Maquette de la couverture
FRANCE LAFOND
Infographie et mise en pages
SYLVAIN BOUCHER

Les Éditions Libre Expression remercient
le Conseil des Arts du Canada et la Société de développement
des entreprises culturelles du soutien accordé
à son programme d'édition dans le cadre de leurs programmes
de subventions globales aux éditeurs.

© Éditions Libre Expression
2016, rue Saint-Hubert
Montréal (Québec) H2L 3Z5

Dépôt légal :
3e trimestre 1997

ISBN 2-89111-745-X

À Flavie

Avant-propos

Le fait d'avoir tout à coup soixante-cinq ans a créé chez moi une sorte d'urgence. L'urgence d'abord de raconter à ceux que j'aime d'où je viens et quels sont les rêves qui m'ont portée jusqu'à maintenant. L'urgence aussi de vérifier que j'ai bien toutes les données de ma vie en mémoire, au cas où celle-ci viendrait à me faire défaut. L'urgence enfin de dire qui sont ces êtres aimés qui m'ont façonnée et m'ont aidée à occuper cette place qui est devenue la mienne.

Je crois que chaque être humain vit cette urgence un jour ou l'autre. La plupart n'y donnent pas suite. Ils se disent qu'ils prendront le temps de raconter à leurs enfants et à leurs petits-enfants ce qu'a été leur vie, mais plus tard. Et, avant qu'ils ne l'aient fait, c'est parfois le temps qui leur fait défaut.

C'est quand quelqu'un m'a avoué songer à écrire ma vie que j'ai pensé à le faire moi-même. Parce que je m'estime la mieux placée pour raconter ce qui m'est arrivé.

Et puis il y avait cette petite Flavie, l'amour de ma vie, à qui je devais parler de ces femmes qui l'avaient précédée, elle, et qui veilleraient sur elle pendant toute sa vie. Je voulais qu'elle aussi devienne une femme d'honneur.

On n'entreprend pas de revivre sa vie impunément. On découvre vite que les peines sont toujours aussi vives et les joies toujours aussi belles.

Je remercie Laurent, mon compagnon depuis vingt-cinq ans, de m'avoir accompagnée dans ce cheminement parfois houleux. Je remercie aussi Daniel, Dominique et Sylvie d'avoir lu ce livre avant tout le monde et de m'avoir donné à la fois leur absolution et leur imprimatur sans me demander d'y changer un seul mot.

LISE PAYETTE
Palm Beach, mars 1997.

Prologue

La journée avait été chaude, comme c'est presque toujours le cas à la fin du mois d'août. Cécile venait de s'allonger sur le lit, espérant trouver un peu de fraîcheur. La fenêtre était grande ouverte et la jeune femme entendait les cris des enfants qui profitaient des derniers jours de liberté avant l'école. C'est à peine si un souffle d'air entrait dans la chambre.

Cécile se sentait lourde depuis des semaines déjà, comme ces fruits gorgés de soleil qu'on trouve en été dans les marchés publics. Elle aimait cette saison généreuse qui lui donnait l'impression qu'elle pouvait remplir ses sacs à provisions et avoir encore de l'argent. Elle rêvait d'être riche, elle, une fille d'ouvrier. Elle rêvait surtout d'être heureuse.

Elle était instruite, juste ce qu'il fallait pour une fille de son temps. Ni plus ni moins. Elle savait lire et écrire car elle avait fait sa cinquième année d'école. Elle avait été pressée de trouver du travail pour payer une pension comme ses sœurs et se sentir indépendante à son tour. Elle avait occupé plusieurs petits emplois : chez Lowney, où elle finit par détester le chocolat, et dans l'imprimerie, où le bonus annuel était un calendrier... Elle avait une passion pour la lecture, et les livres empilés sur sa table de chevet témoignaient de son engouement pour le roman. On lui avait toujours reproché de lire trop tard la nuit, de s'abîmer les yeux. Quand son mari n'était pas rentré, elle se levait souvent la nuit pour lire en l'attendant. C'est dans un roman qu'elle avait choisi le nom de l'enfant qu'elle attendait. Elle voulait un garçon parce que c'était un mâle qu'on devait attendre en premier, pour ne décevoir personne. Il s'appellerait Charles, comme le héros du dernier roman de Max de Veuzit.

De nouveau l'enfant qu'elle portait donna une grande poussée dans son corps. Elle roula sur le côté et sentit cette boule de feu au creux de ses reins. Elle mordit son poing pour étouffer son cri et elle eut envie de vomir. Elle savait qu'elle devait aller jusqu'au bout. Elle n'avait pas le choix. Le médecin était déjà passé une fois, plus tôt dans la journée. Elle avait écarté les jambes comme il l'avait demandé. Il lui avait dit qu'elle en avait pour des heures à attendre et qu'il reviendrait plus tard. Elle appréhendait ce moment où son corps allait se déchirer, même si elle n'en avait jamais parlé à personne. Sa mère avait bien eu neuf enfants avant elle et, pour les derniers, n'avait même pas demandé la sage-femme. Elle accouchait seule dans sa chambre et, dès que l'enfant était né, elle revenait préparer le repas de la famille.

Cécile attendait son mari, Fernand. Il avait promis d'être là dès la fin de sa journée de travail. Il devait conduire son camion de livraison jusqu'au garage de la compagnie et rentrer aussitôt à la maison. Elle l'aimait follement et, avant leur mariage, elle avait refusé d'entendre ceux qui, autour d'elle, avaient dit qu'il était trop jeune pour se marier et qu'il ne savait pas ce que c'était que d'assumer des responsabilités. Elle avait alors vingt-quatre ans et il n'en avait que vingt. C'est vrai qu'elle était plus sage que lui. Mais, avec un enfant, il allait s'assagir à son tour.

La folle douleur dans les reins revenait à intervalles réguliers. Elle ne trouvait plus de position confortable. Elle finit par se lever et voulut refaire l'inventaire de tous les vêtements qui étaient pliés proprement près du lit de l'enfant. Le soleil commençait à baisser. Fernand était en retard.

Le médecin ne revint que vers vingt-deux heures. Il maugréait toujours en arrivant, parce que les deux étages qu'il avait à monter le fatiguaient beaucoup. Il fit un autre examen. Le travail n'était pas encore assez avancé. «Il ne faut pas vous décourager, madame. C'est toujours comme ça pour un premier.» Sa journée était finie et il décida d'attendre le bébé en dormant un peu dans la berceuse qui occupait un coin de la chambre. Ma mère se crut obligée de s'allonger de nouveau pour ne pas le déranger.

Fernand n'était toujours pas rentré et l'inquiétude s'était installée. Cécile ne cessait de répéter qu'il était sûrement arrivé quelque chose de grave à son mari car un père n'eût certainement pas voulu rater la naissance de son premier enfant. «Il n'est quand même pas allé jouer aux cartes», pensa-t-elle.

Je suis née à cinq heures vingt, le matin du 29 août 1931. C'était aussi le jour anniversaire de la naissance de Cécile. Elle avait vingt-six ans. Elle attendait un garçon. J'étais une fille. Fernand n'était pas rentré. Ma mère avait raison : il jouait aux cartes quelque part en ville, comme d'habitude, et il avait perdu l'argent de la paye. Mais cela, ma mère le saurait bien assez tôt.

PREMIÈRE PARTIE

1

L'amour, toujours l'amour!

J'étais venue au monde chez un couple que deux ans de vie commune avaient déjà commencé à défaire. Pourtant Cécile Chartier et Fernand Ouimet, mes parents, s'étaient aimés passionnément dès qu'ils s'étaient rencontrés. Mon père était extrêmement séduisant. Il avait un physique de vedette du cinéma américain. Ma mère trouvait qu'il ressemblait à Gary Cooper. Et c'est vrai qu'il avait une allure extraordinaire. Ma mère aussi était en pleine possession de son charme et de sa beauté. Elle était grande, racée, sérieuse et toujours élégante. Posée, elle n'avait rien de ces jeunes femmes qu'on traitait d'excitées et qui passaient leurs nuits à danser. Cécile était sage, en comparaison de ses sœurs Yvonne et Gaëtane qui avaient quelques années de plus qu'elle. Mes tantes fréquentaient les magnifiques salles de danse de Montréal jusqu'aux petites heures du matin, au grand désespoir de Marie-Louise, leur mère et ma grand-mère bien-aimée.

J'avais deux grands-mères, toutes deux prénommées Marie-Louise. Je n'en aimai qu'une passionnément, «ma Marie-Louise», même si l'autre, la mère de mon père, qui habitait chez nous pendant d'assez longues périodes, me vouait une tendresse démesurée. J'appelais ma Marie-Louise «mémère». L'autre, la mère de mon père, «grand-maman». Elle y tenait. Ma Marie-Louise faisait des ménages chez de plus riches qu'elle. L'autre était une bourgeoise qui portait des tabliers empesés. Quand ma Marie-Louise réprimandait ses autres filles, Yvonne et Gaëtane, en leur donnant Cécile comme modèle, elles répondaient qu'elles étaient de leur temps et qu'elles étaient libres parce qu'elles gagnaient déjà leur vie et payaient une pension à la maison. Elles juraient qu'elles ne faisaient rien de mal et qu'elles aimaient danser. Elles ne voulaient pas se marier jeunes comme leur mère l'avait fait et se mettre à élever des familles nombreuses. Ce n'était pas là l'idée qu'elles se faisaient de la vie et du bonheur. Elles voulaient s'amuser et profiter de leur jeunesse dont elles savaient bien qu'elle ne durerait pas éternellement.

Et puis leur temps, c'était aussi celui du charleston et des garçonnes aux cheveux coupés courts. Certains de leurs copains avaient participé à la guerre de 14-18 et on ne voulait plus penser à des choses trop sérieuses.

Cécile, au contraire, rêvait de mariage. Un mariage simple et conventionnel, ce qu'on appelait depuis toujours un mariage d'amour. Ce qu'elle savait de ce merveilleux sentiment, elle l'avait appris dans les romans qu'elle dévorait depuis qu'elle savait lire. C'était à se demander si elle n'avait pas appris à lire seulement pour avoir accès à ces romans qui lui procuraient tous les rêves dont elle avait besoin. Elle était sentimentale, Cécile. Elle lisait Delly, Max de Veuzit, les auteurs à la mode. Elle rêvait du beau chevalier sur un cheval blanc. Cela faisait rire ses sœurs, plus délurées qu'elle, et ma Marie-Louise aussi qui savait bien que la vie n'était pas qu'un jardin de roses. «Cécile, reviens sur terre», lui disait souvent Marie-Louise.

Elle a dû lui répéter maintes fois que l'amour n'était pas éternel, que les hommes étaient souvent volages, que la vie c'était surtout le quotidien, avec ses misères, et ses joies aussi, de temps en temps. Je le sais parce qu'elle m'a répété les mêmes choses beaucoup plus tard, quand, moi aussi, je me suis mise à rêver à l'amour. Son discours n'avait pas changé, j'en suis certaine. Et, comme moi, ma mère a dû se dire que son amour à elle serait différent, qu'il durerait toute la vie et qu'il ne sombrerait jamais dans la banalité comme celui des autres. «Un amour comme le nôtre, disait la chanson à la mode, il n'en existe pas deux.»

Quand Cécile rencontra Fernand, ce fut pour elle le coup de foudre. Il avait tout pour plaire. Il était beau, jeune, bien fait, rieur, enjoué, plein de charme et libre. Elle aussi avait tout pour plaire. Elle était jolie, élégante, sérieuse, avait une bonne réputation, savait tenir maison et gagnait simplement sa vie. Il sut tout de suite qu'il ne pourrait jamais la posséder sans la marier. Cela aussi, je le sais, parce qu'elle nous l'a dit plus tard en faisant la leçon à ses filles. «Les garçons n'épousent pas les filles qui ont appartenu à tout le monde.» Elle était vierge, c'est certain. Elle ne se serait pas mariée autrement. Il s'écoula bien peu de temps avant qu'elle soit déçue. Après leur voyage de noces à Québec, ils s'installèrent dans un logement trop cher pour eux. Mon père étant très orgueilleux, il n'aurait jamais accepté qu'on puisse dire que Fernand n'avait pas installé sa jeune femme confortablement. Les problèmes d'argent allaient commencer en même temps que leur vie à deux. Cécile s'en plaignait. Elle aurait souhaité vivre selon leurs moyens pour ne pas tirer le diable par la queue à chaque fin de mois. Lui voulait d'abord bien paraître et jouir de la vie. «On est jeunes, disait-il. Il faut en profiter au maximum. On a bien le temps de faire des économies.»

Il refusait que Cécile travaille. Il voulait qu'on sache qu'il pouvait faire vivre sa femme. Ils avaient parlé de fonder une famille, et, même si les deux avaient dit qu'ils n'étaient pas pressés, lui pensait que la place d'une femme était à la maison à attendre son mari. Oh! pour l'attendre, ma mère l'a attendu, chaque jour de sa vie!

Ils étaient mariés depuis un peu plus d'un an quand Cécile annonça à Fernand qu'elle attendait un enfant. Elle pensait que cette nouvelle allait enfin l'assagir, lui donner davantage le sens des réalités. Elle trouvait qu'il manquait parfois de maturité. Il aimait trop sortir avec ses amis et Cécile savait que c'était un jeu dangereux. Elle répétait : «Enfin, nous allons pouvoir vivre comme un vrai couple. Une fois père, Fernand ne sera plus le même.»

C'est ce qu'elle souhaitait, car alors elle serait enfin heureuse. Fut-il content de la nouvelle? Elle m'a toujours juré que oui, surtout après qu'elle lui eut promis que ce serait un garçon. Une promesse qu'elle n'a pas pu tenir, comme on sait. Je serais une fille. Elle voulut m'appeler Monique, mais la mère de mon père, qui avait insisté lourdement pour être ma marraine, alléguant que j'étais sa première petite-fille et rompant ainsi avec la coutume qui aurait voulu que ce soit ma Marie-Louise et son mari Ernest qui me tiennent sur les fonts baptismaux, en décida autrement. Non seulement évinça-t-elle ma Marie-Louise, mais en plus elle m'imposa le prénom de Lise sans en avoir prévenu ma mère. Ce n'est qu'en rentrant à la maison qu'elle apprit à sa belle-fille que je m'appellerais Lise et non Monique.

2

Mon père et la paternité

J'ai très peu connu mon père. Nous passions des semaines entières sans nous voir ou sans échanger une seule parole. Notre vie s'organisait toujours entre femmes, ma sœur Raymonde, ma mère et moi. Nous faisions tout ensemble. Nous allions au cinéma, au théâtre, et visitions la famille toujours sans mon père. Il n'était jamais avec nous. Il ne partageait rien, ni les bons ni les mauvais moments. Il avait une sorte de vie parallèle que nous soupçonnions forcément mais dont nous ne parlions jamais.

Il devait mourir à cinquante-quatre ans, de la sclérose en plaques. Je vivais à Paris à l'époque et je ne l'ai pas vu mourir. Quelques jours avant son décès, il m'avait écrit la seule lettre que je devais jamais recevoir de lui, dans laquelle il annonçait qu'il allait probablement mourir et que, si cela devait arriver, il ne voulait pas que je vienne à Montréal. Il souhaitait que je reste à Paris avec mes enfants.

On ne voyageait pas de Paris à Montréal avec la même rapidité qu'aujourd'hui. Il fallait compter au moins douze heures de vol et il ne serait venu à l'esprit de personne de partir pour un week-end à Paris comme certains le font aujourd'hui. C'est donc un télégramme de ma sœur qui m'apprit que mon père était décédé. Ce n'est qu'à ce moment-là que je regrettai vraiment de ne pas l'avoir connu davantage. Il n'avait fait que quelques apparitions dans ma vie. Il avait joué son rôle de père en quelques occasions un peu spéciales, mais jamais je n'avais eu une conversation profonde avec lui.

Je l'avoue, cette conversation qui n'a jamais eu lieu me fait défaut encore aujourd'hui. Et il n'est pas rare que, même maintenant, arrêtée à un feu rouge dans ma voiture, je me penche pour vérifier si le chauffeur de l'autobus sur ma droite n'est pas mon père. Cela ne dure que quelques secondes, comme l'attente d'une présence, d'un signe.

Il ne venait à la maison que pour changer de vêtements, et y dormir tous les soirs. Il rentrait tard parfois, ou tôt le matin, c'est selon, mais il rentrait. Avant de devenir chauffeur d'autobus, il avait vivoté de petits emplois de livreur pendant des années, livreur de vêtements fraîchement nettoyés, livreur d'huile, jusqu'à ce que son frère Armand réussisse à le faire engager comme chauffeur par la Compagnie de Transports de Montréal. C'était son premier emploi stable et ma mère était folle de joie. Elle croyait sans doute que ses temps de misère étaient terminés et qu'une paye régulière allait enfin nous faciliter la vie. Ce n'est pas exactement ce qui devait se passer. La paye régulière améliora grandement la vie de mon père, mais très peu la nôtre. Il donnait à ma mère un montant fixe chaque semaine, le plus bas possible, pour faire vivre la maisonnée. Ma mère payait le loyer, le chauffage, l'électricité, les vêtements et la nourriture. En 1950, il ne lui donnait que vingt dollars par semaine, et le prix du loyer était de vingt-quatre dollars par mois. Et elle ne devait jamais demander un supplément d'argent. L'aurait-elle fait qu'elle se serait fait répondre d'attendre la semaine suivante. Quand les armoires à nourriture étaient vides, nous allions manger chez ma Marie-Louise, dont la porte était toujours ouverte.

De temps en temps, on nous coupait l'électricité. Ma mère en profitait pour mettre une bougie sur la table, où nous mangions du pain doré ou des crêpes nappées de mélasse, et pour nous ces repas se transformaient en repas de fête.

Pour arriver à joindre les deux bouts, Cécile n'avait pas trouvé d'autre solution que de faire des ménages. Elle aurait peut-être pu faire autre chose, mais elle aurait été absente de la maison à seize heures quand nous revenions de l'école, et cela, elle ne le voulait pas. Ni ma sœur Raymonde ni moi ne savions la peine de maman qui voyait son mari s'éloigner d'elle. Son bel amour s'effilochait sous ses yeux. Il m'est arrivé souvent de me lever la nuit et de voir maman assise au bout de la table de la cuisine, en train de lire un roman à la lumière trop faible du plafonnier. Elle ne m'entendait même pas. Elle attendait papa.

Quand nous étions vraiment petites, vers l'âge de trois ou quatre ans, il jouait parfois avec nous. Puis, un jour, il m'a fait mal à un bras et j'ai pleuré. Et il n'a plus jamais partagé nos jeux. Dans son esprit, nous n'étions que des filles, donc trop fragiles pour lui.

J'ai appris beaucoup plus tard, à l'âge adulte, qu'il rendait souvent visite à son frère Roland, qui, lui, avait trois garçons et une fille. Il emmenait les garçons au cirque, au baseball ou au hockey, ce qu'il n'a jamais fait avec nous.

Quand ma sœur et moi atteignîmes l'âge de dix ou douze ans, il dit à ma mère qu'il ne voulait pas que ses filles passent l'été en ville, sur les trottoirs de Saint-Henri. Il loua donc un chalet à Saint-André-d'Argenteuil, près de Saint-Placide, chez les frères Ouellette. Il nous y conduisait avec maman le 25 juin, le lendemain de la Saint-Jean-Baptiste, et venait nous y chercher vers le 1er septembre pour la rentrée des classes. Entre ces deux dates, il ne nous rendait jamais visite.

Mon père n'est jamais venu non plus à l'école pour des réunions de parents. Il n'était pas présent lors des cérémonies de remise des diplômes. Quand je le cherche dans ma mémoire, il n'apparaît que de façon très épisodique. Il m'a emmenée au cinéma une fois parce qu'il tenait à ce que je voie *Le Magicien d'Oz*. Pourquoi? Je n'en sais rien. Et puis, un jour, il voulut absolument que j'aille entendre Louis Armstrong qui présentait un spectacle au cinéma Séville, rue Sainte-Catherine. Cherchait-il un rapprochement, un terrain d'entente, une amitié qui aurait pu remplacer le lien filial qui n'existait pas? Je ne le sais pas. Il n'en a jamais parlé, et, même si j'ai aimé ces sorties, nous n'en avons jamais discuté. Elles sont restées des moments isolés.

Enfant, je jouais à me cacher sous le grand tablier blanc de ma Marie-Louise. Nous riions toutes les deux. Quand elle m'attrapait, elle me soulevait dans ses bras et j'avais l'impression de voler comme un oiseau. Il arrivait souvent que Cécile me laisse chez ma Marie-Louise. Et là, j'avais ma cour. Je régnais sur toute la famille, parce que j'étais la fille de Cécile et que tout le monde l'aimait. L'une des sœurs de maman, Juliette, l'aînée, était déjà mariée. Mais tous les autres enfants vivaient encore à la maison : Émile, Yvonne, Gaëtane, Gérard et Claire. Ma Marie-Louise avait suggéré à ma mère de revenir à la maison, de quitter mon père tout de suite après ma naissance. «Ces garçons-là, disait-elle, on a tort de penser qu'on va les changer.» Mais déjà Cécile attendait un deuxième enfant. Ma grand-mère n'en dormait plus la nuit.

L'opinion de ma Marie-Louise au sujet de Fernand restera la même jusqu'à la fin de ses jours. Mais jamais elle n'en a dit du mal devant moi. Elle m'a pourtant tout appris sur la nature humaine, sur le monde qui nous entoure, sur le courage, sur la vie et la mort. Mais sans jamais me dire que mon père se conduisait mal, qu'il avait des maîtresses, qu'il était joueur et qu'il laissait toutes les responsabilités à maman. Jamais.

Treize mois après ma naissance, Cécile accouchait donc d'une autre fille, ma sœur Raymonde. Je n'ai jamais su si mon père était présent à cette naissance, mais l'arrivée de Raymonde a transformé le couple Cécile-Fernand à tout jamais. Raymonde est née très malade, et ma mère a craint que sa deuxième fille ne survive pas. Pendant six semaines, on n'a pas pu l'alimenter, et Raymonde avait perdu tellement de poids qu'elle était devenue minuscule. Ma mère la veillait jour et nuit avec l'aide de mes tantes. Ce n'est qu'après ces six premières semaines de vie qu'à l'Hôpital de Montréal pour Enfants on découvrit qu'elle avait une tumeur à l'estomac et qu'il fallait l'opérer de toute urgence. C'était une première pour la médecine de l'époque. On ne lui donnait pas beaucoup de chances de survie. Quand l'opération eut lieu, Raymonde fut endormie sur la table d'opération pendant que ma tante Adrienne, la sœur aînée de mon père, allongée sur une table voisine, donnait son sang au fur et à mesure des besoins du bébé. Raymonde fut si entourée, si bien soignée qu'elle fut sauvée.

Son état cependant exigeait beaucoup de soins parti-
culiers. Ma mère, sous le poids de cette nouvelle responsabilité, se mit à réfléchir à ce que sa vie allait devenir
entre Fernand, le séducteur et le joueur impénitent, et ses
deux filles, qui n'avaient que treize mois de différence. Elle
décida qu'elle aurait sans doute la force d'élever seule les
deux enfants qu'elle avait déjà, de subvenir à leurs besoins
et de les éduquer le mieux possible, mais qu'elle ne devait
pas en avoir d'autres. Craignant que mon père ne la quitte
un jour et sachant qu'elle ne s'en sortirait pas toute seule
avec trois enfants, Raymonde devait être la dernière. Elle
choisit alors de nous donner à toutes les deux l'instruction
qu'elle n'avait pas reçue, le véritable instrument, disait-
elle, pour que nos vies soient meilleures que la sienne. Elle
dut prendre son courage à deux mains pour expliquer à
Fernand qu'elle ne voulait plus d'enfants.

En 1933, aucune femme ne pouvait prendre cette
décision-là sans le payer très cher. Et ma mère, cette
femme de cœur, le savait bien. Elle renonçait par la même
occasion à l'amour de sa vie, éloignant ce jeune mari
qu'elle aimait passionnément. Elle se condamnait à la
solitude pour s'assurer que ses deux filles iraient aussi loin
qu'elles le pourraient et qu'elles ne finiraient pas mal, dans
cette ville où la pauvreté tuait les rêves si rapidement.

3

Rosette et Antoine

Pour pouvoir soigner Raymonde avec toute l'attention que son état requérait, ma mère se résolut à me confier à la sœur de mon père, qui habitait Saint-Gabriel-de-Brandon. Rosette et Antoine Boisclair n'avaient pas d'enfant, ils en souffraient beaucoup, et j'allais combler ce vide durant de longs mois pendant chacune des cinq premières années de ma vie. Rosette voulut même m'adopter officiellement. Quand elle le proposa à mes parents, cela mit ma mère tellement en colère qu'elle décida de venir me chercher pour de bon, sous prétexte que j'allais bientôt commencer l'école et qu'il fallait que je m'habitue à partager mes jouets avec ma petite sœur que je connaissais à peine.

J'aimais ma vie à Saint-Gabriel-de-Brandon. Rosette et Antoine étaient amoureux et ne craignaient pas de le montrer. Antoine était propriétaire de la fonderie locale et, quand il rentrait du travail, il était toujours noir comme du charbon. Rosette avait déjà fait chauffer l'eau et elle le lavait en plongeant sa débarbouillette dans le grand bac avec patience et amour. On riait beaucoup parce que

Antoine était chauve et qu'elle lui mettait plein de savon sur la tête. Antoine riait aussi. Et je lui tirais presque les larmes quand j'affirmais que, devenue grande, c'est moi qui le laverais.

J'aimais leur maison. Elle était située tout près de la gare de chemin de fer et, petit à petit, c'est l'arrivée et le départ des trains qui réglèrent ma vie quotidienne. Peinte en blanc et noir, la maison avait deux portes sur l'avant, l'une donnant sur le salon et dont on ne se servait jamais, et l'autre s'ouvrant directement sur l'immense cuisine pleine de lumière. C'était une maison à deux étages dont le deuxième ne servait que l'été. L'hiver, Antoine fermait l'étage du haut pour ne pas avoir à le chauffer et descendait mon petit lit dans leur chambre. Quand il faisait vraiment froid, ma tante réchauffait mes couvertures près de la fournaise avant de m'en couvrir en me couchant. J'étais au paradis.

Tout en face de chez eux, il y avait un grand moulin à bois et j'avais la permission d'aller sauter dans d'immenses tas de sciure pendant des heures avec les petits voisins.

L'été, nous descendions la grande côte des sapins pour aller jusqu'au lac. Rosette préparait un pique-nique et elle m'apprenait à nager. J'étais gâtée comme seule une enfant unique peut l'être. Chaque dimanche, nous allions à Saint-Damien chercher un demi-gallon de crème glacée que nous devions absolument manger le dimanche midi, à nous trois, car il était impossible de conserver la crème glacée bien longtemps à l'époque. Ce qui restait, nous le donnions au chat.

Rosette faisait partie des Dames fermières de la région. Quelle fête c'était quand venait son tour de recevoir les membres de l'association! Nous passions des jours à préparer des petits plats : sucre à la crème, bonbons acidulés, boules de coco et pâtisseries fines, en plus des pâtés à la viande et des roulés au jambon. Nous passions ensuite toute une journée à mettre les petits plats dans des grands. Il fallait polir l'argenterie, s'assurer que la nappe en toile blanche était bien empesée, et placer une quantité impressionnante de chaises dans la cuisine pour toutes les dames. J'avais la permission de passer les plats dans ma belle robe neuve. Encore aujourd'hui, si je ferme les yeux, j'entends ces éclats de voix parlant d'une telle qui allait bientôt accoucher ou d'une autre dont le mari déménageait à Montréal. À la fin, les plats étaient toujours tous vides et j'étais bien heureuse d'avoir goûté à tout pendant la préparation.

Mais les moments les plus impressionnants que j'ai vécus chez Rosette et Antoine, ce sont les jours de coulée à la fonderie, quand j'étais invitée à accompagner Antoine et que j'assistais à la coulée dans les moules de ce métal en fusion, «rouge comme le feu de l'enfer», disait Rosette. La chaleur nous étouffait littéralement. J'admirais la force d'Antoine et de ses ouvriers, qui, torse nu, affrontaient des températures incroyablement élevées et travaillaient vingt heures d'affilée au besoin, avant d'aller se reposer. J'aurais voulu être la fille du patron, tellement j'avais d'admiration pour Antoine.

Rosette avait inventé des jeux qui resteraient toujours mes favoris. Elle permettait que j'utilise tous ses chapeaux pour tenir boutique, où elle était la seule cliente, bien sûr. Nous y jouions pendant des heures. Elle m'avait acheté des crayons et des pinceaux et avait commencé à m'apprendre à lire. Elle habillait toutes mes poupées avec des vêtements qu'elle confectionnait elle-même et qui étaient des modèles d'imagination. Quand j'ai su que j'allais retourner à la maison, ma peine fut immense. Rosette essayait de me consoler en répétant que j'allais retrouver ma famille. Je ne voulais pas d'autre famille qu'eux.

Antoine et Rosette me promirent que je pourrais revenir chaque été pendant les vacances si j'en avais envie. Hélas, je n'y revins qu'une seule fois, et dans des circonstances atroces.

Ils furent si désespérés de mon départ que Rosette réussit à convaincre Antoine de la laisser consulter un médecin au sujet de son infertilité. Ce médecin lui prescrivit des médicaments «français» afin de favoriser une grossesse qu'elle souhaitait depuis longtemps. Elle devint enceinte et ce fut le bonheur total pendant neuf mois. La chambre du bébé fut décorée et la layette était digne d'une princesse. Puis tout tourna mal. Le bébé, un garçon, mourut à sa naissance, et Rosette mourut elle aussi, quelques jours plus tard, à son retour à la maison. Antoine était désespéré. Sa vie entière s'écroulait.

Je ne savais pas du tout ce qu'était la mort. J'avais un peu plus de sept ans. Mon père avait loué une voiture d'un de ses amis et le voyage vers Saint-Gabriel-de-Brandon se fit dans un étrange silence. C'est la seule fois où je vis mon père pleurer. Je revenais enfin dans cette maison que j'avais tant aimée où plus rien n'était pareil. Un immense crêpe noir couvrait la porte d'entrée de la cuisine. Rosette était exposée dans le salon qu'elle gardait si jalousement fermé autrefois. Je m'étais fait dire si souvent de ne pas ouvrir cette porte que, le moment venu d'entrer dans cette pièce, j'en fus incapable. Mon père n'a pas cessé de me disputer pendant toutes ces journées, me traitant d'ingrate et de sans-cœur. Je me réfugiais dans les bras d'Antoine pour pleurer avec lui, qui était bien plus mon père que cet autre homme avec qui je ne partageais aucun souvenir.

Pendant ces quelques jours qui précédèrent les funérailles, je me mettais à genoux comme tout le monde, je récitais le chapelet sans discuter, mais j'avais aussi tendance à agir comme la maîtresse de maison. Si on cherchait quelque chose, c'est à moi qu'on le demandait. Je savais le trouver et on n'avait pas à déranger Antoine. Je pris en charge les cousins et les cousines et les expédiai à l'étage, où ils pouvaient jouer tout leur saoul. Moi, j'étais l'orpheline. Me collant contre Antoine, je pleurais ma deuxième mère. À part lui, personne ne semblait s'en rendre compte.

Je ne devais revoir Antoine qu'une seule fois, plusieurs années plus tard. Il rendit visite un jour à la mère de Rosette à Montréal pour lui présenter la femme qu'il allait épouser. Je n'ai pratiquement rien dit en les voyant. Et pourtant une question me brûlait les lèvres. J'avais envie de demander à cette femme si elle allait savoir comment laver Antoine quand il rentrerait du travail. J'avais bien peur que non et qu'il ne soit jamais heureux avec elle comme il l'avait été avec Rosette.

Je ne retournai à Saint-Gabriel-de-Brandon que trente ans plus tard. La maison avait été vendue. Je ne savais même plus si Antoine vivait encore et je n'aurais pas su où le trouver. Je ne retrouvai pas la fonderie même si j'avais fait ce chemin à pied des centaines de fois. Ma petite enfance était morte aussi.

4

Le clan des Chartier

Ma mère, comme la sienne, n'était pas pratiquante. Ma grand-mère préférée avait rompu avec l'Église en annonçant haut et fort : «Si Dieu existe, je m'arrangerai avec lui dans l'au-delà!» Ma mère m'avait raconté qu'un prêtre, un jour, avait refusé l'absolution à ma Marie-Louise lorsqu'elle se confessait de faire ce qu'il fallait pour ne pas avoir d'autres enfants. Elle en avait déjà eu neuf, dont sept étaient vivants. Elle jugeait que la famille était assez nombreuse et elle se trouvait trop pauvre pour ajouter un couvert à sa table. Elle avait discuté avec le prêtre, arguant que, contrairement à ce qu'il disait, Dieu voulait certainement qu'on soit sûre d'être capable d'élever un autre enfant avant de le mettre au monde. Devant son incompréhension, elle avait claqué la porte du confessionnal pour toujours. Elle exigea alors d'Ernest, son mari, qu'il se tînt loin de l'Église lui aussi et elle permit à ses enfants le strict minimum : le baptême, la première communion et le mariage à l'église s'ils y tenaient.

Personne ne pratiquait dans la famille, ce qui avait le don d'horrifier mon père, catholique pratiquant beaucoup plus pour l'exemple qu'il estimait devoir nous donner et la peur du jugement des autres que par conviction. Un dimanche qu'il devait être à la messe, je le surpris au restaurant en face de l'église, en train de boire un coca-cola en attendant que la messe soit finie. À partir de ce jour-là, il cessa de prétendre qu'il y allait tous les dimanches et il cessa aussi de vérifier si nous y allions, ma sœur et moi.

Marie-Louise Chartier, née Laplante, savait ce qu'elle voulait dans la vie. C'était une femme qui tranchait sur son époque. Elle était la fille d'Amélie et de David Laplante, dit Sauvé, de Lachine. Son père avait été navigateur. Ernest Chartier, mon grand-père, était un homme de cour. Pas un avocat ni un juge, mais un homme qui travaillait dans la cour chez Thomas Robertson, marchand en matériaux de plomberie, face au marché Atwater. Il déchargeait les wagons transportant le lourd matériel et le plaçait dans des camions. Été comme hiver, il travaillait dehors. Il était courageux et fier, mais, devant Marie-Louise, il courbait le front même s'il la dépassait d'une tête complète. Quand Marie-Louise parlait, c'était elle l'autorité. Il prenait un petit verre de temps en temps, plus par besoin que par goût. Il buvait un verre de «fort» pour que «ça fasse moins mal». Il fut quand même forcé de s'arrêter de travailler vers l'âge de soixante ans, victime d'une maladie étrange qui le laissa sans aucun muscle entre l'épaule et le coude, dans les deux bras. Le reste du bras était normal. Aucun médecin ne réussit même à nommer cette maladie. Il n'avait plus la force de soulever quoi que ce soit de lourd.

La retraite payée n'existait pas pour lui. Il se retrouva donc à la charge de ses enfants, mais il était trop fier pour demander de l'aide. Je le revois souvent en souvenir bûchant du bois dans sa cour avec la seule force de ses avant-bras, mettant des heures à finir le travail mais y arrivant quand même, sans jamais se plaindre. Il installa une chaise en permanence devant l'appareil de radio de la maison et il y passa des journées entières à écouter les nouvelles. Devenu aveugle avec l'âge, il fut soigné pendant des années par sa fille Claire. Il mourut chez lui, rue Delisle, à l'âge de quatre-vingt-douze ans, longtemps après Marie-Louise. Malgré sa cécité, c'était l'homme le mieux informé de la planète. Il avait suivi tous les grands événements mondiaux, y compris la Deuxième Guerre mondiale, à la radio. Il ne parlait que quand quelqu'un s'informait de ce qui se passait dans le monde.

Tant qu'il avait travaillé, il avait donné sa paye à Marie-Louise, qui lui remettait un peu d'argent de poche pour une bière à la taverne s'il en avait envie. Quand Émile, son fils, fut en âge de travailler, il s'en alla besogner avec son père chez Robertson, où il demeura jusqu'à la fin de sa vie.

Pendant l'épidémie de grippe espagnole, Marie-Louise avait failli perdre Claire, sa benjamine. Elle avait lutté jour et nuit pour la sauver. Puis, un matin, le médecin qui la soignait annonça à ma grand-mère que Claire allait mourir dans la journée et qu'il n'aurait pas le temps de revenir la voir, avec tout le monde qu'il y avait à soigner. Il rabattit le drap sur le visage de Claire, indiquant ainsi qu'il n'y avait plus aucun espoir. Ma grand-mère, une fois le médecin parti, se dit qu'elle n'allait quand même pas abandonner sa fille avant qu'elle ne soit vraiment morte. Elle fit préparer un bain chaud avec de la moutarde en poudre dans l'eau. Puis elle y plongea Claire pendant de longues minutes. Ce traitement eut pour effet de faire tomber la fièvre et Claire prit du mieux au cours de la journée.

Laissée pour morte le matin par le médecin, elle put manger dans la soirée, et, le lendemain, elle était toujours vivante. Elle a vécu jusqu'à l'âge de soixante-dix-huit ans et elle est morte en 1996. Ma Marie-Louise avait sauvé sa fille, ce qui lui permettait d'affirmer qu'elle en savait «autant que les médecins, ces illustres ignorants».

Ma Marie-Louise ne tenait en très haute estime ni les avocats, ni les médecins, ni les curés, ni les politiciens. Je me rappelle du mépris bien senti qu'elle affichait quand nous allions avec elle au défilé de la Saint-Jean-Baptiste et qu'elle voyait Camillien Houde se pavaner en portant le ruban officiel de maire de la ville et un haut-de-forme. «Ça ne sait rien faire pour aider les pauvres gens, disait-elle, et ça ose se pavaner et rire du monde en même temps.» Elle refusait d'applaudir et restait là, les bras le long du corps, sans bouger. Mais ce qu'elle disait de Camillien Houde n'était rien en comparaison de ce qu'elle avait à dire des Premiers ministres et des députés, surtout ceux de Saint-Henri, dont elle affirmait qu'on les voyait pendant les campagnes électorales mais qu'aussitôt élus ils s'en allaient s'asseoir à Québec et qu'on ne les revoyait plus jamais dans le quartier. «Un député élu gagne le droit de se servir à son tour… C'est au plus fort la poche.»

C'était une femme de gros bon sens, ma Marie-Louise, une sorte d'intelligence du cœur. Elle savait lire un peu, moins que sa fille Cécile, mais elle savait compter. Elle roulait l'argent de la paye et le glissait sous une de ses jarretelles. Elle riait… «C'est aussi sûr que la Caisse populaire!» Le moins que l'on puisse dire, c'est qu'elle était habitée d'une saine méfiance.

Elle jurait aussi qu'elle ne se mettrait jamais à genoux devant personne… «Ce n'est pas plus fatigant de vivre debout que de vivre à genoux.» J'aimais l'entendre défendre ses points de vue avec conviction. Son mari Ernest, qu'elle appelait «Pite» ou «Casseau», n'était pas toujours d'accord avec elle, mais la discussion se terminait invariablement ainsi : «C'est pas toi, Casseau, qui va me dire quoi penser, ni quoi ne pas penser, d'ailleurs.»

Ma Marie-Louise était généreuse. Elle se servait de différentes enveloppes pour faire le budget de la maison et il y en avait toujours une «pour les plus pauvres que nous». Elle n'avait pas besoin des curés pour lui prêcher la générosité : c'était une vertu qu'elle possédait naturellement. Elle savait tout partager, y compris la nourriture, et le plus extraordinaire, c'est que c'était toujours bon chez elle. Elle gardait en permanence, comme on le faisait dans beaucoup de maisons à l'époque, une théière sur l'arrière du poêle à bois. Elle offrait une tasse de thé à quiconque se présentait à la porte. Des biscuits aussi, qu'elle gardait au chaud dans le réchaud du poêle. C'était ma collation favorite quand je m'arrêtais chez elle en revenant de l'école.

Elle était aussi capable d'une extraordinaire tolérance en comparaison des gens de son temps. Yvonne, sa fille si frivole, s'était mariée à son tour. Elle avait épousé René Carpentier, connu comme un gros buveur de bière. Avec les années, Yvonne, sûrement pas très heureuse, avait pris un amant, un certain M. Lefebvre. Toute la famille était au courant car il lui arrivait régulièrement d'inviter son amant à passer la fin de semaine avec son mari et elle dans leur logement. Le ménage à trois fonctionnait à merveille. Puis Gaëtane aussi, avec le temps, se mit en ménage, plus ou moins, avec un charmant monsieur terriblement marié. Au jour de l'An, quand ma grand-mère recevait toute la famille, les amants étaient présents et ils avaient droit eux aussi à un cadeau sous l'arbre de Noël, comme n'importe quel autre membre de la famille. Cette situation avait tellement scandalisé mon pauvre père la première fois qu'elle s'était présentée qu'il avait juré de ne plus jamais remettre les pieds chez ma grand-mère. Et il tint parole.

Ma Marie-Louise avait deux sœurs et un frère : Emma, Albina et John. Albina était la bien-mariée. Elle avait épousé Noiseux, propriétaire des ferronneries. Emma avait un bon mari et deux fils, mais l'un des deux était gravement handicapé mentalement. Ce fut pour elle une croix qu'elle porta jusqu'à la fin de sa vie.

John, lui, était tailleur, marié et père de deux filles. Sa boutique se trouvait rue Saint-Jacques, tout près de l'église Sainte-Cunégonde. Il était né avec une jambe un peu plus courte que l'autre et il portait une chaussure avec une semelle compensée. Enfants, il nous arrivait souvent de nous arrêter à sa boutique avec Cécile et nous étions fascinées de le trouver assis en tailleur sur sa longue table de travail. Nous aimions cette boutique, avec ses deux grandes vitrines qui laissaient entrer un soleil légèrement filtré par une feuille de cellophane jaune. Maman et lui parlaient longtemps. Il nous donnait, à Raymonde et à moi, des bouts de tissu et des boutons pour occuper notre temps. Quand nous avions les doigts pleins de petits trous et que nous commencions à pleurer, maman donnait le signal du départ.

Cécile s'entendait bien avec toute sa famille. Mais nous, les enfants, nous avions nos préférés. Émile, son frère aîné, qui fut célibataire longtemps, était «l'oncle aux cinq cents». Il avait toujours quelques pièces pour Raymonde et moi. J'étais la nièce préférée d'Yvonne la frivole. Elle jouait à être ma mère parce qu'elle n'avait pas d'enfant. Elle s'assurait que je ne manque de rien, ni de souliers, ni de manteau d'hiver, ni d'une jolie robe pour ma première communion. Adrienne, la sœur aînée de papa, faisait la même chose pour Raymonde. Elle était sa marraine et veillait vraiment aux besoins de sa filleule. Gérard, le frère préféré de Cécile, était toujours disponible pour l'aider. Fallait-il réparer une table ou poser les persiennes pour l'été qu'il offrait ses services. C'est d'ailleurs lui qui venait installer notre arbre de Noël chaque année. Nous attendions toujours le 23 ou le 24 pour l'acheter. C'était alors moins cher. Pour un certain Noël, il fallut même en acheter deux et les attacher ensemble pour en faire un convenable, car si c'était moins cher à la dernière minute, il y avait aussi moins de choix. Je connus nettement moins Gaëtane, qui travaillait comme repasseuse dans une teinturerie. Elle besognait dur et pendant de longues heures, et elle avait sa vie ailleurs que chez ma Marie-Louise le soir.

Et il y avait Claire, la survivante de la grippe espagnole, l'amie de maman, qui se montrait si généreuse avec nous. Elle a été serveuse chez Delmo pendant trente-cinq ans. Elle était mariée à Pierre Archambault. Un an après son mariage, un chirurgien avait pratiqué sur elle la «grande opération» (hystérectomie), prétendant que c'était essentiel. Après coup, personne n'a cru que cette intervention avait été vraiment nécessaire. Mais c'était fait, et Claire ne pouvait plus avoir d'enfants.

Le dimanche, avec ma Marie-Louise, nous prenions le tramway spécial pour aller pique-niquer sur la tombe des grands-parents au cimetière de Lachine. Quels merveilleux moments nous avons vécus là! Ma Marie-Louise nous parlait de son père, de sa mère et de tous ceux qui reposaient en paix. Elle parlait aussi du moment où elle viendrait les rejoindre, sans peur et sans drame. Comme si c'était la vie.

Le pique-nique avait lieu parfois à l'île Sainte-Hélène. Nous partions tôt, en tramway, pour avoir une bonne table près de l'eau. Ma Marie-Louise avait préparé les repas de la journée : un jambon complet, des rôtis de porc et de veau, des poulets, des tomates et des concombres frais du marché. La table était couverte de victuailles. En fin de journée, quand nous restions assez tard, nous assistions à des spectacles. C'est comme ça que je découvris Jean Lalonde, mon idole pendant de nombreuses années, et Lucille Dumont, que je rêvais d'imiter un jour. Je m'étais tellement entichée de Jean Lalonde que je pleurais quand on me disait que j'étais beaucoup trop jeune et qu'il ne m'attendrait certainement pas pour se marier. J'aurais bien voulu grandir d'un seul coup.

5

Le clan des Ouimet

Mon père est né à Ottawa. Son père, Hermas Ouimet, était contracteur en peinture de bâtiments. Il avait été marié une première fois et maman m'a souvent raconté que sa jeune femme avait brûlé avec son bébé dans les bras en préparant un repas pour l'enfant. Après quelques années, mon grand-père paternel se rendit exécuter un contrat dans le principal hôtel d'une petite ville près d'Ottawa. Il y fit la connaissance de mon autre grand-mère, Marie-Louise Lemay, jeune fille de bonne famille et élevée comme une vraie bourgeoise, c'est-à-dire qu'elle avait étudié le piano, la peinture sur toile et la cuisine. Elle devint sa deuxième femme. Ils eurent ensemble six enfants dont des jumeaux, Adrien et Adrienne, les aînés. Ma grand-mère fut malheureuse avec mon grand-père, et elle le racontait volontiers. Cependant, elle mena à terme l'éducation de ses enfants. Un jour, après une querelle avec son père Hermas (c'est la seule version que j'en aie jamais eue), Adrien quitta la maison en claquant la porte. C'était pendant la guerre de 14-18. Au bout de deux jours, ma grand-mère le fit chercher partout. D'abord par la police, puis par un détective privé. Durant toute sa vie, elle a attendu son retour. Il n'est jamais revenu et n'a jamais donné signe de vie à personne. La famille a conclu qu'il s'était enrôlé dans l'armée sous un faux nom, en mentant sur son âge car il n'avait que dix-sept ans, et qu'il avait été tué à la guerre. C'est la version officielle.

Quand les plus jeunes eurent atteint l'âge de travailler, ma grand-mère paternelle mit à exécution le complot ourdi avec ses enfants, Adrienne, Armand, Fernand, Rosette et Roland. Un jour, elle vida la maison de tout son contenu et quitta son mari pour ne plus jamais le revoir. Lorsque mon grand-père rentra, le soir, il trouva la maison complètement vide.

Ma grand-mère Ouimet est morte à quatre-vingts ans, se disant encore que le lendemain Adrien allait revenir.

Étrangement, ce n'est qu'aujourd'hui que je me demande si mon grand-père Hermas, le père de Rosette, est venu à l'enterrement de sa fille. Je ne me souviens pas de l'y avoir vu. Qu'il n'ait pas été prévenu ne serait pas étonnant. Tous les membres de la famille Ouimet l'avaient rayé de leur vie depuis déjà longtemps et nos relations avec lui étaient loin d'être suivies. Il venait chez nous de temps en temps, pour voir ma mère et ses petites-filles, mais il n'était pas le bienvenu chez ses autres enfants. On avait la rancune tenace, du côté des Ouimet.

Hermas avait refait sa vie avec une veuve, Mme Bertrand, et il avait élevé les enfants de cette femme. Ils habitaient le 3945 de la rue Cazelais, à Saint-Henri. Quand il mourut d'une thrombose chez elle, alors qu'il n'était que dans la soixantaine, c'est mon père qui fut appelé auprès de sa dépouille pour s'occuper des formalités. Maman et nous avions passé la soirée au théâtre National en cachette de mon père, et c'est en rentrant que nous avons appris la nouvelle du décès de mon grand-père. Mon père attendait le retour de ma mère pour se rendre chez les Bertrand. Nous avions prévu de lui raconter un mensonge au cas où il serait à la maison, et nous avons pu affirmer d'une voix unique que nous rentrions de chez ma tante Juliette.

Nous sommes donc repartis dans la voiture de papa vers la rue Cazelais. Là, contrairement à ce que nous pensions, il nous demanda de rester dans la voiture avec maman pendant qu'il irait seul chez les Bertrand. Le plus étonnant, c'est que l'excitation qu'avait provoquée chez moi la soirée au National ainsi que l'étrangeté de cette randonnée nocturne en voiture firent en sorte que la nouvelle de la mort de mon grand-père ne suscita pas en moi la réaction qu'elle aurait dû provoquer. J'arrivai même à me convaincre que mon père allait revenir en disant que c'était une fausse alerte et que mon grand-père allait très bien. Quand il revint, il ne dit pas un mot et nous ramena à la maison.

Le lendemain, après l'école, maman nous conduisit au salon funéraire. Ce n'est qu'à ce moment-là que je réalisai que la mort était vraiment passée. Je fis vite dans mon esprit le lien avec Rosette et je me mis à pleurer sans retenue devant ma grand-mère, qui n'avait pas revu son mari depuis des années mais qui jouait les veuves éplorées, et mon oncle Roland, son fils, qui jouait le chef de famille de circonstance. Il me dit que, si je ne pouvais me conduire correctement, je n'avais qu'à partir, car on n'avait pas besoin de gens qui faisaient des crises au salon funéraire. Et, dans mes larmes que j'essayais de retenir, j'entendis une conversation entre mon oncle et ma grand-mère, concernant cette femme, Mme Bertrand, qui avait vécu avec mon grand-père pendant près de vingt ans. Ma grand-mère s'inquiétait et questionnait Roland. «Qu'est-ce qu'on va faire quand elle va se présenter à la porte?» Et Roland de répondre : «Elle n'entrera pas ici, ne t'inquiète pas. Ni elle ni aucun de ses enfants.» Il en fut ainsi. On leur refusa l'entrée du salon funéraire et de l'église, le matin des funérailles.

Je quittai le salon funéraire en pleurant. Je courus jusque chez ma Marie-Louise et lui racontai ce que je venais de voir et d'entendre. Elle me prit dans ses bras pour me consoler. Elle me dit que le pauvre homme n'avait probablement pas souhaité se retrouver au milieu de cette famille qui l'avait tant fait souffrir et qu'il aurait probablement préféré être entouré de son autre femme et des enfants qui l'avaient aimé, mais qu'il s'était cru éternel et qu'il n'avait sans doute pas fait à temps les papiers nécessaires pour faire respecter ses volontés. Je lui criai mon horreur de la mort et de l'injustice qu'elle constituait toujours, de ces pertes irrémédiables que je ne saurais jamais accepter, et elle me répondit que la mort faisait partie de la vie, qu'elle était inévitable et qu'au contraire elle était juste, puisqu'elle ramenait chaque être humain à sa dimension première et rétablissait pour tous une justice qui n'était pas toujours évidente au cours de la vie.

Ce jour-là, nous avons parlé durant des heures. Elle essuyait mes larmes de temps en temps, et elle me servit une tasse de thé quand elle sentit que la dure réalité avait commencé à faire son chemin dans ma pauvre tête. J'essayai de lui faire jurer de ne pas mourir, elle à qui je tenais tellement. Elle me dit qu'elle avait trop envie de me voir grandir pour mourir tout de suite et que je pouvais aller en paix, qu'elle n'était pas si pressée. Je lui expliquai à quel point j'avais besoin d'elle, qu'elle était comme un guide précieux qui avait déjà fait le chemin que j'aurais à faire moi-même et qu'elle devait éclairer ma route pour que je ne tombe pas tout le temps. Elle se mit à rire, disant que c'était justement la découverte de ce chemin qui constituait tout le plaisir de vivre et qu'il fallait au contraire que j'éclaire mon chemin moi-même, sans trop compter sur les autres. «Va devant, et ne regarde pas trop derrière. Tu as tout ce qu'il faut pour faire ton chemin : une tête sur les épaules, la santé, la jeunesse. Sois curieuse et ne laisse jamais un mur t'arrêter.»

Ce jour-là, quand je sortis de chez elle, j'étais changée. J'avais franchi une étape importante de ma vie. J'avais cessé d'être une enfant. J'entrais dans l'adolescence en étant rassurée. Le voile s'était déchiré. Ma Marie-Louise, sans le savoir ou peut-être bien en le sachant, venait de me mettre au monde pour la deuxième fois.

6

L'injustice, cette faute impardonnable

L'incident du salon funéraire, s'il m'avait rapprochée de ma Marie-Louise, m'avait éloignée de mon autre grand-mère. Son comportement envers la deuxième famille de son mari abandonné avait été celui d'une femme mesquine, tenant à sa vengeance au détriment de la charité qu'elle prêchait pourtant. Je n'avais pas remis les pieds au salon funéraire après l'incident, par mesure de protestation, me rangeant ainsi du côté des exclus qu'étaient les Bertrand. Cette pauvre femme qui avait vu mon grand-père Ouimet mourir dans leur lit et ses enfants qui ne se connaissaient pas d'autre père avaient été humiliés pour rien. Je n'ai pas dit à cette grand-mère que je ne l'aimais plus. Je me suis tue. Mais chaque fois que, par la suite, elle fit appel à moi pour quoi que ce soit, j'avais toujours envie de lui dire que nous n'avions plus rien en commun. Même chose pour mon oncle Roland. Pour les mêmes raisons. Avec lui, à ce jour, les choses ne sont pas encore arrangées. Jamais nous n'avons parlé du rôle qu'il avait joué au moment de la mort de son père. Il serait bien inutile de lui rappeler ces tristes moments.

Cette grand-mère a pourtant eu régulièrement besoin de moi par la suite. Elle a été amenée à partager notre logement au cours des années. Cécile, dans sa grande bonté, n'a jamais refusé de l'accueillir. Pendant ces séjours chez nous, elle se permettait pourtant de critiquer maman, disant qu'elle ne faisait pas bien la cuisine. Cela lui permettait d'évincer ma mère de sa cuisine et de prendre sa place sans qu'elle se défende. Comme ma grand-mère souffrait d'asthme, je devais, au moment des crises, me transformer en infirmière. Ma mère avait refusé d'apprendre à faire des injections. Ma tante Adrienne avait donc décidé que c'était moi qu'elle chargerait de cette responsabilité. À partir de l'âge de sept ans, même quand j'étais à l'école, on venait me chercher et je devais rentrer à la maison de toute urgence quand ma grand-mère était en crise. Avec le plus grand sérieux du monde, je préparais la seringue, j'y introduisais le médicament et j'administrais la piqûre qui permettait enfin à ma grand-mère de respirer normalement. J'en acquérais de l'importance, non seulement à la maison, mais aussi à l'école, où la maîtresse avait cru bon d'expliquer pourquoi on venait me chercher en pleine classe de façon assez régulière. J'étais aussi populaire que Florence Nightingale, et mes petites amies avaient décrété que je serais un jour infirmière pour de vrai. C'était fatal, elles en étaient convaincues. Moi, cela me disait rien du tout. J'aurais mieux aimé être médecin qu'infirmière.

De ma naissance à l'âge de huit ans, j'ai habité rue Joseph, à Verdun, puis rue Notre-Dame, à Saint-Henri, puis à Granby, face au cimetière. Ensuite, rue Boyer, à Montréal, puis encore à Saint-Gabriel-de-Brandon, chez Rosette, et aussi rue Argyle, à Verdun, ce qui m'obligea à commencer l'école chez les Dames de la Congrégation, avec lesquelles j'étais incapable de m'entendre. Je ne restai à leur école que quelques mois, le temps de faire ma

Mes parents, Cécile et Fernand, le jour de leur mariage, le 22 juin 1929. Dans l'entourage de ma mère, on avait essayé de la convaincre qu'il était trop jeune pour le mariage. Il avait vingt ans et elle en avait vingt-quatre. Elle était profondément amoureuse de lui. Très séduisant, il ressemblait à Gary Cooper.

Rosette, la sœur de mon père, et Antoine Boisclair, son mari, m'ont pratiquement élevée chez eux, à Saint-Gabriel-de-Brandon, jusqu'à l'âge de cinq ans.

Sur le perron de ma Marie-Louise, mère de Cécile et ma grand-mère adorée.

Septembre 1936 : première journée d'école. Je
suis déjà très fière et j'ai horreur de l'injustice.
Chez les Dames de la Congrégation, une
religieuse me surnommera « le petit paon pas de
queue ». Je ne me suis jamais sentie heureuse
chez les « Dames ».

Dès ma deuxième année d'école, je file le parfait bonheur avec les sœurs de Sainte-Anne. Je fais ma première communion parce que maman dit qu'il faut la faire, mais déjà je ne suis pas croyante.

Nous habitons rue Rose-de-Lima, à Saint-Henri, et, en ce jour de la première communion de Raymonde, j'étrenne un chapeau neuf, cadeau de ma tante Yvonne, la généreuse.

Le clan de ma Marie-Louise (1), au cinquantième anniversaire de son mariage avec Ernest Chartier (2), mon grand-père. Sont présents tous ses enfants : Émile (3), Juliette (4), Cécile (5), Yvonne (6), Gaëtane (7), Gérard (8) et Marie-Claire (9), avec leurs conjoints et conjointes ou amants en titre. Fernand y est aussi (10), ainsi que d'autres petits-enfants, dont Raymonde (11) et moi (12) qui, tout de blanc vêtue, vient de lire l'adresse. Il y a aussi le frère d'Ernest (13), des cousins, des cousines et des amis.

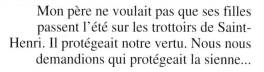

Mon père ne voulait pas que ses filles passent l'été sur les trottoirs de Saint-Henri. Il protégeait notre vertu. Nous nous demandions qui protégeait la sienne...

Fernand à New York. Il aimait tout ce qui était américain et anglophone.

Avant de devenir chauffeur d'autobus, mon père avait occupé de petits emplois de livreur pendant des années.

Mon père louait un chalet chez Henri Ouellette, à
Saint-André-d'Argenteuil. Il nous y conduisait le 25 juin
avec maman et nous y laissait pour tout l'été sans nous
visiter. Il revenait nous chercher à la fête du Travail,
pour la rentrée des classes.

Un des nombreux pique-niques organisés par ma
Marie-Louise à l'île Sainte-Hélène. Ma sœur Raymonde,
notre cousine Huguette et moi sommes épuisées d'avoir
joué toute la journée. Pas question de rentrer: j'attends le
spectacle de Jean Lalonde et de Lucille Dumont!

Un jour de bonheur : une visite à la baie Missisquoi avec Cécile et ma Marie-Louise.

ASCENDANCE MATRILINÉAIRE

I
Marie **PONTONNIER** & Honoré Langlois
m 5 décembre 1661 Notre-Dame de Montréal

II
Françoise **LANGLOIS** & Louis Baudry
m 12 janvier 1700 Sainte-Anne-de-Varennes

III
Marie Anne **BAUDRY** & Louis Bougret Dufort
m 24 juillet 1719 L'Enfant-Jésus-de-la-Pointe-aux-Trembles

VI
Marie Josephte **DUFORD BOUGRET** & Jacques Picard
m 12 février 1741 Saint-Antoine-de-Pade de Longueuil

V
M. Josephte **PICARD** & Guillaume Lecavalier
m 2 mars 1767 Notre-Dame de Montréal

VI
Angélique **LECAVALIER** & Amable Viau
m 29 septembre 1800 Saint-Laurent de Montréal

VII
Angélique **VIAU** & Jean-Baptiste Théoret
m 30 janvier 1826 Saint-Laurent de Montréal

VIII
Madeleine **THÉORET** & Prosper Charrette
m 2 février 1846 Sainte-Geneviève (Pierrefonds)

IX
Mélanie **CHARRETTE** & David Sauvé Laplante
m 6 août 1872 Saints-Anges-de-Lachine

X
Louisa **LAPLANTE** & Ernest Chartier
m 2 octobre 1894 Saints-Anges-de-Lachine

XI
Cécile **CHARTIER** & Fernand Ouimet
m 22 juin 1929 Sainte-Cunégonde de Montréal

XII
Lise **OUIMET**

Un cadeau reçu de Jocelyne Frédérick-Fournier, présidente de la Société de généalogie de l'Outaouais, l'un des plus beaux de ma vie. Ma généalogie matrilinéaire depuis mon ancêtre Marie Pontonnier.

première communion. Je les trouvais prétentieuses et snobs. J'avais six ans et l'une d'entre elles avait visiblement décidé de me «casser». Il est vrai que j'étais entêtée et orgueilleuse et que je ne supportais pas l'injustice, quelle qu'elle soit. Cette religieuse avait inventé pour moi l'expression de «petit paon pas de queue». Elle se trouvait drôle, mais je la trouvais méchante.

Tous les matins, c'était la crise. Je refusais d'aller à l'école. Ma mère était complètement découragée. C'est sans doute pour cela que nous avons déménagé rue Workman, à deux pas de la caserne des pompiers. Je pouvais alors fréquenter l'école des sœurs de Sainte-Anne, rue Albert, dans la paroisse Sainte-Cunégonde. C'est là que l'école devint un plaisir. Peu de temps après, nous avons déménagé rue Rose-de-Lima, tout près de la rue Notre-Dame, et enfin rue Delisle, au 3472, à côté de la cour de l'école des garçons Victor-Rousselot. J'allais y habiter jusqu'à mon mariage. La cour de l'école des garçons allait devenir la source intarissable de mes premières amours.

Chez les sœurs de Sainte-Anne, j'étais à l'aise. Leur façon d'enseigner, leur attitude face à nous, les enfants de la classe ouvrière, devaient me combler tout à fait, puisque mes études s'y déroulèrent pratiquement sans anicroche. J'étais souvent première de classe pratiquement sans effort, mais je ne tenais pas absolument à tenir ce rang tout le temps non plus. Je pouvais être deuxième ou même troisième sans me sentir atteinte dans ma fierté. J'aimais apprendre. Et puis les sœurs avaient une façon bien à elles de nous dire que rien ne nous était impossible, que nous devions nous faire confiance. Plus tard, elles nous disaient sans crainte de se tromper que seul notre travail nous permettrait une vie indépendante. Que nous devions apprendre pour ne jamais dépendre de qui que ce soit. Des principes comme ceux-là, s'ajoutant à ce qu'on m'inculquait à la maison, n'allaient pas tomber dans l'oreille d'une sourde.

Cécile aussi cherchait une plus grande indépendance. Avec ses moyens à elle, et tout doucement, elle commençait à remplacer ma Marie-Louise en reprenant sa clientèle. Elle partait travailler tôt le matin, à Westmount. Comme Marie-Louise, elle ne travaillait que chez des francophones, riches bien sûr, mais francophones quand même. Marie-Louise avait toujours dit qu'on pouvait supporter de se faire donner des ordres en français, mais jamais en anglais. Il en était de même pour ma mère, qui ne parlait pas un mot d'anglais et qui ne faisait aucun effort pour l'apprendre, ce qui avait pour résultat de mettre mon père en colère, parce qu'il estimait que l'anglais était nécessaire dans la vie.

Il n'avait lui-même que des amis anglophones ou italo-anglophones. Il ne lisait que des journaux anglophones, jamais un journal francophone. La langue, chez nous, était un sujet de discorde entre mes parents. Mon père insistait très fort pour que ses filles apprennent l'anglais. Il devait même envoyer son frère Roland, membre de la Gendarmerie royale du Canada et chez qui on ne parlait que l'anglais, car il avait épousé une anglophone.

Quant à sa sœur Adrienne, elle travaillait chez Bell, où son bilinguisme lui permit d'avancer plus rapidement que d'autres qui étaient unilingues. Et toutes ses meilleures amies étaient anglophones, même si sa mère, l'autre Marie-Louise, avait manifesté dans les rues d'Ottawa en faveur des écoles françaises. Ma mère, elle, ne savait pas la différence entre *yes* et *no*, ce qui ne l'empêchait pas de se débrouiller avec notre voisine de palier, Mme Powell, qui ne parlait pas un mot de français. Nous gardions parfois ses deux jeunes enfants, et ma mère et elle s'entraidaient. Mme Powell était, bien qu'anglophone, aussi pauvre que nous, et nous nous empruntions volontiers du sucre ou du lait quand ça venait à manquer.

Dans la famille des Chartier, c'était le contraire. Mon grand-père Ernest avait quitté sa famille pour trouver du travail aux États-Unis à un certain moment, et il était revenu quelques mois plus tard en disant qu'il n'avait rien à faire dans ce pays où, en quelques mois, on avait changé son nom de Chartier en Carter. Il disait volontiers qu'il n'irait pas travailler chez ces gens-là pour y perdre son nom.

Nous avons fini par apprendre l'anglais, ma sœur et moi. Moi surtout à cause du cinéma, des chansons à la mode et des jeunes et beaux Italiens de notre âge qui habitaient Saint-Henri. Tous ces jeunes garçons jouaient au hockey sur la patinoire de la cour de l'école des garçons. Je n'avais jamais été capable de tenir sur des patins à glace, alors que j'étais championne du patin à roulettes. Autour de la patinoire, on parlait indifféremment l'anglais ou le français. L'important, selon ma mère, c'était de savoir dire *no* au bon moment, ce qui me paraissait relativement facile.

J'adorais le cinéma, comme ma mère. Dans le quartier Saint-Henri, rue Notre-Dame, il y avait trois cinémas accessibles : le Lido, où on pouvait assister à trois films de catégorie B pour vingt-cinq cents; le Corona, où on montrait deux films de meilleure qualité pour le même prix; et le Cartier, où on avait une politique de diffusion des films français, rares à cette époque à Montréal. Nous y allions plusieurs fois par semaine, surtout après que

Cécile eut commencé à travailler. C'était son luxe à elle. Rue Notre-Dame, on trouvait aussi les meilleurs hot-dogs de toute la ville, les meilleures frites et de très bons restaurants chinois, grecs ou italiens. Les vitrines regorgeaient de vêtements à la mode et de souliers de qualité. Ma Marie-Louise nous avait vite appris ce qu'était un soulier de qualité, affirmant que nous étions trop pauvres pour acheter des souliers chez Yellow Shoe Store, dont elle disait que les souliers étaient faits dans du carton au lieu du cuir. Son principe de base était que, quand on est pauvres, il faut que les choses durent.

Je rêvais de danser avec Fred Astaire, tout comme, plus jeune, j'avais voulu être une nouvelle Shirley Temple. J'apprenais facilement les chansons en anglais par cœur et je me mis à rêver de devenir chanteuse. J'avais choisi un nom anglais, pensant probablement que mon père approuverait plus facilement mon choix si je m'appelais Kathleen Jackson que Lise Ouimet. Je rêvais beaucoup. Je voyais grand. Je suivais la carrière d'Alys Robi dans les journaux et les magazines que maman achetait régulièrement, la *Petite Revue*, la *Revue moderne* et la *Revue populaire*. Je voulais aller plus loin qu'elle. Je pris des cours de danse à claquettes pendant quelques mois. J'étais douée. Du moins c'est ce que mon professeur disait. Mais, peu après, ma mère m'expliqua qu'elle avait du mal à payer ces cours qui lui semblaient bien inutiles car elle ne trouvait pas qu'il y avait un grand avenir dans les claquettes. Je me rendis à ses arguments, mais non sans me dire que, quand je travaillerais, je retournerais prendre des cours. Je ne le fis jamais, bien sûr. Ma route allait bifurquer vers des choses plus sérieuses. Ma vie allait prendre une tout autre tournure.

7

Saint-Henri durant la guerre

À quelques maisons de chez nous quand nous habitions encore rue Rose-de-Lima, il y avait une glacière, un édifice de plusieurs étages où on entreposait des blocs de glace. Un livreur vendait ensuite ces blocs chaque jour, de porte en porte. C'était cet unique bloc de glace déposé dans la glacière familiale qui nous permettait de conserver le lait, le beurre, les viandes et les légumes. Certains jours, quand il faisait très chaud et qu'on avait le malheur d'habiter à la fin du parcours du livreur, le minuscule bloc de glace qu'on achetait ne durait pas très longtemps. C'étaient là les difficultés d'un monde sans réfrigérateur. L'hiver, cet édifice, interdit d'accès en temps normal, devenait le lieu privilégié de nos interminables jeux d'enfants. À l'intérieur comme à l'extérieur, nous construisions des montagnes de glace d'une bonne hauteur et nous y glissions avec des cartons sous les fesses, jusqu'à ce que nous n'ayons plus la force de remonter.

J'avais appris les chansons de Tino Rossi, dans lesquelles les «chiribiribi» ou les «aye aye aye aye» me permettaient des effets de voix grâce à l'écho des lieux. Cela faisait rire tout le monde dans les descentes. Nous avions un plaisir fou malgré le froid qu'aucun de nos vêtements n'arrivait à combattre et nos mitaines de laine qui pesaient des tonnes tellement elles étaient mouillées.

L'été, j'organisais des «séances» dans la cour de la maison que nous habitions. Le prix d'entrée pouvait aller jusqu'à dix épingles à linge. Nous jouions des petits sketches improvisés, entrecoupés de chansons à la mode. Ma Marie-Louise m'avait donné une paire de tentures en velours bleu marine qui faisaient un très bel effet dans le hangar du rez-de-chaussée. C'est là qu'un dimanche, pendant la répétition générale, j'appris que la guerre avait été déclarée. Tous les garçons et les filles du groupe disaient que les pères allaient être appelés par l'armée. Certains affirmaient que leur père irait se cacher chez des parents à la campagne, si c'était nécessaire, pour ne pas avoir à servir.

Je ne savais pas bien qui étaient les Allemands, mais je savais que la France était le berceau de nos ancêtres. C'est à cause de cela que, le moment venu, il me semblait normal que nos pères aillent défendre la France. Il me fallut du temps et l'aide de la maîtresse d'école pour démêler tout cela. Puis, un jour, ma mère nous raconta, en pleurant doucement, que notre père était allé s'engager, au lieu d'attendre d'être appelé. Je me sentis très fière de lui. Hélas, il fut refusé à l'examen médical. Je n'ai jamais su pourquoi, mais j'imagine que sa situation d'homme marié et père de deux enfants n'en faisait pas la recrue parfaite non plus. J'ai appris cependant pourquoi il s'était porté volontaire, car il le disait à qui voulait l'entendre : c'était pour lui la seule façon de voyager, son rêve le plus cher. Il voulait voir du pays. Il rêvait de l'Italie à cause de ses amis italiens, de l'Irlande à cause de ses amis irlandais, et de l'Angleterre comme d'une sorte de terre promise. Il ajoutait la France, loin derrière, mais le «berceau des ancêtres», à vrai dire, ne lui faisait ni chaud ni froid.

Il finit par obtenir un poste dans l'armée de réserve et, un jour, il revint à la maison avec son uniforme sur le bras. Ma mère, Raymonde et moi fûmes très impressionnées. Mais l'uniforme ne ressortit jamais de la garde-robe. Sauf un jour où je décidai de le porter pour faire des photos.

Les changements apportés dans nos vies par la guerre se résumaient à peu de choses : il y eut moins de films français nouveaux présentés au cinéma Cartier, et les chansons françaises se firent plus rares. Nous découvrîmes ce qu'étaient les timbres de rationnement. Heureusement, nous n'allions pas en manquer, car quelqu'un de la famille travaillait dans un atelier où on les imprimait. Nous en avions assez pour en offrir à d'autres, ce qui arrangeait ma conscience.

Cependant, dans notre rue, nous fûmes véritablement envahis. Une caserne de soldats s'était installée tout près de la maison. C'était là une autre source d'inquiétude pour nos parents, si bien qu'il nous fut recommandé de ne plus aller dans ce coin-là même s'il fallait faire un détour pour aller chez ma Marie-Louise. Nous ne devions pas croiser les soldats dans la rue.

J'avais appris les chansons du soldat Lebrun :

> *Je suis loin de toi, mignonne,*
> *Loin de toi et du pays,*
> *Et je resterai, madone,*
> *Toujours ton petit kaki*[1]*...*

---

1. Roland Lebrun, *Ton petit kaki.*

Autour de moi, on devenait tellement fatigué de l'entendre qu'on me payait pour que je me taise, ce qui me paraissait une façon bien facile de gagner un peu d'argent.

Autrement, la vie continuait normalement. Grâce à l'argent que maman gagnait, le quotidien nous paraissait plus facile. Nous n'étions pas riches, mais maman se sentait plus à l'aise pour acheter ce dont elle avait besoin du «juif» qui venait chaque semaine à la maison lui proposer soit du linge de maison, soit des vêtements pour elle et ses filles. Maman achetait ainsi des couvertures, des draps, des serviettes, des couvre-lits ainsi qu'une robe ou un manteau pour ses filles, rarement pour elle. Ce brave M. Cohen montait trois étages chaque lundi matin pour venir chercher un dollar que maman lui payait sur le solde. Ainsi, de semaine en semaine, le montant diminuait. Mais maman avait pour principe de ne pas laisser le compte se fermer, si bien que, quand il ne restait que quelques dollars à payer, elle renouvelait la literie et achetait quelques vêtements pour nous, histoire de permettre à M. Cohen de gagner sa vie et à nous de garder notre réputation de bons payeurs. On l'appelait «le juif» d'une façon toute naturelle, sans que ce soit une insulte. On demandait : «Est-ce que le juif est passé cette semaine?» ou «Quand est-ce que le juif va passer? Je veux lui demander d'apporter des modèles de manteaux.» Le «juif» faisait partie de notre vie.

Ma Marie-Louise avait l'habitude de nous emmener au marché Atwater pour acheter la viande. Nous allions toujours chez Adélard Bélanger. À l'époque, nous pouvions passer derrière les comptoirs, et j'ai souvent vu ma grand-mère tâter la pièce de bœuf dont elle allait commander une tranche seulement. Elle avait besoin de toucher pour s'assurer que c'était bien à son goût. Le patron Adélard la traitait comme une princesse. C'est ainsi que font aujour-d'hui encore les arrière-petits-fils d'Adélard avec mes enfants.

Je n'ai jamais abandonné cette fidélité aux Bélanger. Nous affichons quatre générations de part et d'autre, nous comme clients et eux comme patrons. Mon plaisir à moi, c'était de voir l'énorme balance qu'ils avaient pour peser les gros quartiers de viande. Je voulais me faire peser chaque fois. Le personnel coopérait. On offrait plutôt de me mettre sur le plateau de la petite balance, celle qu'on utilisait pour peser un kilo de steak haché. Je refusais, bien sûr, sentant bien qu'on se moquait de moi. Mais j'arrivais à obtenir qu'on me pèse. Et alors on déclarait solen-nellement, une fois que j'étais assise sur la grosse balance, que je pesais trois cent cinquante kilos. On le criait fort afin que tout le monde se retourne pour voir qui était cette énorme bête. Je regardais les gens autour de moi avec de grands yeux, sachant que le résultat était impossible, et j'attendais la réaction. Je quittais la balance avec horreur, sachant qu'on s'était payé ma tête encore une fois. Et pourtant, quelques semaines plus tard, je voulais recom-mencer.

Aujourd'hui, chaque fois que je monte le grand escalier à côté du marchand d'œufs et de poulet pour accéder à l'étage des Bélanger, au marché Atwater, je pense à ma Marie-Louise.

Autrefois, il y avait une Amérindienne assise sur un tabouret près de l'escalier. Elle vendait des mocassins, des colliers, des ceintures. Chaque semaine, ma grand-mère s'arrêtait près d'elle pour lui demander comment elle allait.

«Bonjour, madame la sauvagesse. Comment allez-vous?

— Je vais très bien. Avez-vous besoin de quelque chose aujourd'hui ?

— Si vous aviez des pantoufles pour ma Lison…»

Jamais il ne m'est apparu incorrect de la part de ma grand-mère d'appeler cette femme «madame la sauvagesse». C'était une formule de politesse pour Marie-Louise et une marque de respect. Et je crois que l'autre le savait.

Il m'arrivait parfois d'aller m'installer seule sur le trottoir de la rue Delisle, à l'angle de la rue Atwater, où se trouvait une église fréquentée par les Noirs du quartier. L'été, ils laissaient les portes de l'église ouvertes et je les écoutais chanter pendant des heures. J'étais bouleversée par la joie de leurs chants, incomparables à ce que nous entendions dans nos propres églises. Il m'arrivait de m'imaginer leur Dieu, que je voyais noir, bien sûr, et de me dire que je me sentirais peut-être mieux avec lui. Je ne me plaignais de rien. Je trouvais que j'avais quand même une vie facile.

Les filles du quartier tentaient de se faire embaucher à l'Imperial Tobacco, l'une des plus grosses usines de Saint-Henri. Les ouvrières portaient des uniformes de tons pastel, vert, rose ou mauve, selon l'étage où elles étaient employées. Il était étonnant de voir comme on mettait vite les gens en uniforme, à Saint-Henri. De l'uniforme devait naître le sentiment d'appartenance ou quelque chose du genre, parce que tout le monde était en uniforme, dans notre quartier. Chaque usine avait le sien. Les livreurs étaient identifiables à leur uniforme. Tout était empesé, ciré, éclatant de propreté. Car c'était une des fiertés du quartier : que tout soit propre là où tout aurait pu être sale. La fumée des hautes cheminées donnait du fil à retordre aux ménagères, car la poussière se glissait partout. Personne ne mettait de tapis dans sa maison. Il fallait du prélart partout, d'abord parce que c'était moins cher, mais aussi parce qu'on pouvait le laver deux fois par jour si c'était nécessaire.

Chez ma Marie-Louise comme chez nous, on aurait pu manger par terre tellement tout était reluisant. Nous avions une véritable manie de la propreté, presque obsessionnelle. J'ai mis personnellement beaucoup de temps à m'en défaire. Je préférais occuper mon temps à quelque chose de plus enrichissant pour l'esprit.

Il n'en était probablement pas ainsi partout, mais chez nos amis aussi, les mères étaient de vraies frotteuses. Il y avait aussi certains établissements où nous ne mettions jamais les pieds. Il suffisait que quelques personnes disent que ce n'était pas propre pour que le magasin soit vidé de sa clientèle. Ce ne fut cependant jamais le cas du restaurant du coin, tenu par les demoiselles Saint-Denis, de belles vieilles filles œuvrant dans le «bonbon à la cenne» et les liqueurs douces. Elles vendaient les meilleures boules de coco et les meilleures lunes-de-miel de la planète. C'est là que nous achetions les journaux et les magazines réservés chaque semaine pour maman. De temps en temps, quand ma mère avait mal à la tête, nous achetions une boîte de Sedozan à cinq cents, deux pilules dans une petite boîte jaune. La liqueur douce familiale était le Kik et nous revenions souvent à la maison avec une grosse bouteille et un petit sac de bonbons choisis méticuleusement.

Les femmes avaient commencé à fumer. Ma mère aussi, ce qui avait le don de faire enrager ma Marie-Louise, qui avait l'odeur du tabac en horreur. Elle disait à son mari : «Casseau, si tu veux fumer, va fumer dehors!»

Ma grand-mère Ouimet, qui avait des connaissances en musique, se faisait un plaisir, quand elle était chez nous, de m'emmener avec elle à l'opérette. Elle savait combien cela me rendait heureuse. Les interprètes Lionel Daunais et Olivette Thibault, ces décors éblouissants, ces costumes qui me faisaient rêver, tout me procurait un plaisir qui durait des semaines. J'essayais de retenir les airs les plus populaires. Je chantais devant un miroir en bougeant comme Olivette. J'étais sûre qu'un jour ce serait aussi ma vie. Mais je n'en disais rien à personne, de peur qu'on se moquât de moi.

Je suivais également les radioromans de CHLP et de CKAC. La tête collée à l'appareil de radio, j'essayais de deviner ce qui n'était pas révélé dans *Le Secret d'une carmélite* et je tremblais de peur en écoutant *9 et 9*, une émission où chaque semaine, à neuf heures et neuf minutes, un meurtre était commis, qu'il fallait élucider avant neuf heures trente. J'écoutais aussi *La Fiancée du commando* et *Madeleine et Pierre*.

J'avais découvert, grâce à une compagne de classe, que CKAC mettait un petit salon à la disposition des personnes qui désiraient assister à la diffusion de *Ceux qu'on aime* ou des *Histoires du docteur Morange*. Certains se souviendront du slogan publicitaire qui accompagnait l'émission du bon docteur Morange : «Le rhume n'atteint guère qui emploie le sirop Lambert.» Le petit salon devint l'un de mes endroits favoris. J'y allais avec une ou deux copines et c'est ainsi que j'ai vu de près les Guy Mauffette, Huguette Oligny, Nicole Germain, Pierre Dagenais, Jeanne Maubourg, François Rozet, Henri Deyglun, Muriel Guilbault, Yvette Brind'amour et Henri Norbert, ainsi que bien d'autres dont je n'ai jamais pensé à ce moment-là que je les côtoierais plus tard dans ma vie.

C'est dans le petit salon que l'une de mes copines, Carmen Rioux, tomba follement amoureuse de Bruno Cyr sans qu'il le sût jamais. Il est décédé récemment alors qu'il était devenu juge depuis quelques années. C'est vrai qu'il était beau comme un dieu et qu'il était l'annonceur-vedette de CKAC.

Nous devions bientôt ajouter CKVL à notre liste de sorties. Nous avions découvert *Le Fantôme au clavier*, qui était présenté directement d'une grande salle à l'angle du boulevard Lasalle, à Verdun. Nous obtenions des autographes de Billy Monroe, de Jacques Normand, que nous montrions avec fierté à toutes nos copines de classe. Nous avions osé!

Plus tard, j'assistai assidûment à l'émission *Les Carabins*, diffusée de la salle de l'Ermitage, rue Guy. Jean Coutu, Roger Garant et d'autres m'y ont souvent fait rire aux larmes. Comme l'ont fait d'ailleurs les deux revues de Gratien Gélinas, les *Fridolinades*, que j'ai vues quand j'ai été un peu plus grande.

C'est en écoutant la radio que j'ai découvert le hockey, un beau samedi soir. Les «Maurice Richard monte, lance et compte» ont fait mon bonheur pendant des années. Comme les Henri Richard, «Butch» Bouchard et Elmer Lach, puis les Serge Savard, «Coco» Lemaire et Yvan Cournoyer, et mon favori entre tous, Ken Dryden. Je devins vite une spécialiste et j'avais une compagne de classe nommée Jeannine avec qui j'échangeais des opinions éclairées sur le hockey. Nous faisions le désespoir des autres filles de la classe à qui nous racontions des parties entières.

L'été, par contre, à Saint-André-d'Argenteuil, nous perdions tout contact avec les plaisirs de Saint-Henri, où nous trouvions que, dans l'ensemble, la vie était plutôt bonne pour nous.

Ce n'est pas que nous n'étions pas heureuses à la campagne. Après la première année que nous y avions passée seules avec maman, celle-ci avait réussi à convaincre sa sœur Juliette de louer un chalet tout près du nôtre. Maman se sentait moins seule ainsi. Des tantes et des oncles venaient nous rejoindre pour les fins de semaine et c'est avec eux que nous avons appris à pêcher, Raymonde et moi. C'était au temps où le lac des Deux Montagnes était riche en poissons de toutes sortes. Il n'y avait qu'une seule loi, dans la famille : il fallait manger ce que l'on avait pêché. J'avais appris à lever des filets. Et quand nous rapportions le fruit de notre pêche à maman, elle se mettait à peler des quantités inimaginables de pommes de terre qu'elle faisait frire sur le poêle à bois. Il fallait du courage pour cuisiner dans un chalet en plein été, car le poêle chauffé à blanc allait entretenir la chaleur jusqu'au lendemain matin. Il n'y avait ni électricité ni ventilation, et les toilettes étaient les «bécosses» communes au milieu du terrain. Plus nous grandissions, plus ces commodités nous paraissaient rudimentaires et finalement gênantes.

J'avançais en âge, plutôt heureuse, et bientôt j'annonçai à ma mère que je voulais, moi aussi, gagner un peu d'argent et que la meilleure solution me paraissait être un emploi d'été.

Pour la première fois, nous avions l'intention de faire comprendre à notre père que nous en avions assez de Saint-André-d'Argenteuil et du manque de confort de ces chalets. Nous étions nettement plus raisonnables, et un été sur les trottoirs de Saint-Henri ne nous ferait pas de mal. Nous ne comprenions toujours pas pourquoi il avait si peur de nous laisser nous amuser en ville pendant tout un été. Nous avions nos amis, nos habitudes, et ma Marie-Louise juste à côté de chez nous. Nous rêvions d'aller au cinéma plus souvent et d'être un peu plus libres.

C'est bien plus tard que je compris que mon père craignait que ses deux filles ne «tournent mal» dans ce quartier où il n'aurait pas donné le bon Dieu à tout le monde sans confession. Il avait peur que nous ne devenions des «toffes» comme il y en avait dans les salles de billard rue Notre-Dame ou sur le trottoir devant les cinémas du quartier. Ou – mais cela, il ne le disait pas – que nous ne finissions comme nos tantes, à vivre avec des hommes mariés et à gaspiller notre jeunesse. Mon père avait tout un jeu de règles de moralité selon qu'il s'agissait de sa propre conduite ou de celle de sa femme et de ses filles ainsi que des membres de la famille de maman.

Pourtant, ni lui ni maman n'entreprirent notre éducation sexuelle. Comme si de ne pas parler de ces choses allait constituer une protection adéquate. Ce que nous ne savions pas ne pouvait nous faire de mal, j'imagine. Comme si de ne pas savoir de quoi les autres parlaient allait nous protéger du mal. Fernand devait se dire que c'était à Cécile de faire le nécessaire, et Cécile, elle, devait penser que nous étions encore trop jeunes pour tout savoir.

Bref, quand des copines parlaient de sexualité, je faisais semblant d'être au courant de tout et de les trouver bien puériles de ne pas connaître toutes les réponses à leurs questions. Alors qu'au contraire c'étaient leurs questions qui me mettaient sur la piste de réponses que j'essayais de trouver toute seule. Quand j'ai dit à ma Marie-Louise que j'étais bien fatiguée d'être traitée comme un bébé, elle m'a expliqué l'essentiel, c'est-à-dire que mon corps allait subir des transformations importantes. Elle m'a parlé de mes seins qui allaient grossir, des poils qui allaient pousser, toutes choses aussi horribles les unes que les autres pour une enfant comme moi. Elle s'arrêta là, me disant de lui en parler quand il se produirait autre chose.

Tout cela paraissait si mystérieux que, pendant longtemps, moi aussi je décidai de faire comme s'il ne se passait rien. Ce qui eut pour résultat qu'un jour, à la maison, complètement hystérique, je sortis des toilettes en hurlant que j'allais mourir. Je pleurais en disant que je perdais tout mon sang. Cécile accourut, me prit dans ses bras et se mit à pleurer avec moi. Loin de me consoler, sa peine me fit encore plus mal. Ses larmes confirmaient que j'avais bien raison de croire que j'allais mourir. Il lui fallut des heures pour me rassurer. Elle m'expliqua tant bien que mal ce qui venait d'arriver, en insistant beaucoup sur le fait que dorénavant je pouvais devenir enceinte et que c'était le plus grand malheur qui pouvait arriver à une fille avant le mariage. Elle raconta l'histoire d'une de ses amies à qui c'était arrivé et qui avait dû donner son bébé dès sa naissance, sans compter le scandale que cela avait créé pour ses pauvres parents. Mais sur la manière de faire les bébés, sur leur provenance, sur la façon de savoir si on en a fait un, pas un mot. «Quand une fille est menstruée, elle peut avoir des enfants, mais si elle en a un, elle devra le donner.»

«Est-ce que c'est en embrassant un garçon, maman, qu'on a un enfant? En faisant quoi, au juste?» Je n'osai pas poser ces questions et elle n'expliqua rien au-delà de l'absolue nécessité. Et, cette fois-ci, je n'allais quand même pas aller dire à ma Marie-Louise que Cécile, sa fille, n'avait pas l'air de savoir elle non plus comment on les faisait, les enfants!

C'est ainsi que, mal outillée, je partis à la recherche de la vérité. Je m'empressai d'embrasser le premier garçon venu, pour savoir s'il allait se passer quelque chose. Je vivais dans l'attente de mois en mois. Puis, curieuse, petit à petit j'ai réussi à glaner à gauche et à droite les renseignements que d'autres possédaient. Jusqu'au jour où j'ai tout su et surtout qu'une fille possédait «un trésor précieux» qu'elle ne devait offrir qu'à son mari, après le mariage. Quand je racontai les résultats de mon enquête à ma Marie-Louise, elle rétablit le juste équilibre. Elle me dit que c'était la même chose pour le garçon et que, s'il s'en trouvait un pour m'offrir son trésor précieux avant le mariage, je devais dire non. Ma Marie-Louise était pour l'égalité.

Nous étions en 1944. Toutes les femmes autour de nous travaillaient. Saint-Henri était moins pauvre. On achetait des voitures neuves, on remettait les maisons en bon état.

Des hommes étaient partis pour la guerre qui ne reviendraient pas. On avait célébré des mariages en groupe avant le départ des troupes, pour aller plus vite. Les femmes portaient des turbans et des semelles compensées. Notre «juif» à nous continuait de nous rendre visite tous les lundis matin.

Mes seins commençaient à pointer sous mes vêtements, malgré mes efforts pour marcher le thorax rentré. J'hésitais entre les écraser pour que personne ne les remarque et porter un soutien-gorge rembourré pour qu'ils prennent encore plus d'importance.

Mon père nous avait interdit, à ma sœur et à moi, de porter du rouge sur les ongles ou du rouge à lèvres. Quelle corvée c'était d'enlever cela chaque fois avant de rentrer à la maison, de crainte qu'il ne soit là! Je ne protestais pas encore «au nom de ma liberté individuelle», mais ça viendrait.

8

Mes bonheurs d'occasion

En 1945, je reçus une vraie douche d'eau froide. Je l'avoue maintenant, j'en ai toujours voulu à Gabrielle Roy.

Je ne lui ai jamais pardonné ce qu'elle a fait aux gens de Saint-Henri, dans son livre *Bonheur d'occasion*. Pendant les années où j'ai vécu à Québec plus tard dans ma vie, j'ai toujours su où elle habitait, et, des dizaines de fois, j'ai eu envie d'aller sonner à sa porte pour lui demander quinze minutes de son temps, espérant régler avec elle le mal qu'elle m'avait fait. Je ne suis jamais passée à l'acte.

Jamais non plus je n'ai demandé à interviewer Gabrielle Roy, à une époque où j'aurais pu le faire. Je n'ai jamais cherché à entrer en communication avec elle d'aucune façon, mais cette femme a joué un rôle d'une importance capitale dans ma vie d'adolescente. Parce qu'un jour, sans me méfier, j'ai ouvert *Bonheur d'occasion*.

Elle a détruit avec un seul livre toute la confiance en moi que j'avais déjà acquise, avec l'aide de ceux qui m'entouraient. J'ai vu ma vie et mon monde et je nous suis vus comme dans un miroir à travers ses personnages. J'ai pris tout le poids du livre sur mes épaules. J'ai regardé autour de moi avec ses yeux. Je nous ai vus pauvres, insignifiants, sans ambition et sans culture, «nés pour un petit pain» et incapables d'en sortir, répétant de génération en génération les mêmes gestes et les mêmes erreurs. Je fus blessée au cœur. Je nous ai vus paresseux, nous contentant de peu et ne désirant rien d'autre.

Ce livre fut pour moi un choc culturel. Je ne reconnaissais pas à Gabrielle Roy le droit de fouiller les coins de nos jardins secrets, ni celui de soulever nos draps pour parler de nous comme elle le faisait. J'eus honte. Honte d'être ce que j'étais, honte d'être de Saint-Henri, honte aussi d'avoir déjà porté des bas avec des échelles comme le faisait son héroïne à qui je m'identifiais. Je me sentais comme la bête traquée par les feux d'une voiture. Je ne savais pas s'il fallait aller à gauche ou à droite pour me mettre à l'abri et rentrer dans l'anonymat. *Bonheur d'occasion* a failli me tuer. Il me fallut beaucoup de temps pour retrouver un équilibre raisonnable. Je lui en voulais de nous avoir espionnés pour mieux se moquer de nous.

Ma mère trouvait que je filais doux. Je n'avais raconté à personne le désespoir que ce livre avait semé dans mon esprit. Sauf peut-être à la sœur Marie-Lucien, ma maîtresse de neuvième année à l'école Sainte-Jeanne-de-Chantal. Cette religieuse ne mesurait qu'un mètre trente-deux et c'est la première chose dont elle avait parlé quand ses élèves étaient arrivées en classe, le premier matin. Elle avait dit qu'elle savait déjà qu'elle était petite, qu'elle n'aurait pas besoin de nous pour le lui rappeler constamment et que, debout sur une chaise, elle avait bien l'intention d'assumer toute l'autorité dans sa classe. Elle était extraordinaire d'entrain et de savoir. J'eus le profond sentiment d'avoir fait, grâce à elle, une année très précieuse pour mon avenir. Quand je lui racontai l'état dans lequel je me trouvais après avoir lu Gabrielle Roy, elle tenta de me faire comprendre que c'était un livre de fiction, qu'il fallait le lire comme tel, ne pas lui donner une signification que même la romancière n'aurait pas voulu lui donner. Et puis surtout, sentant à quel point j'avais mal, elle me redit les qualités qu'elle avait vues chez moi : aptitude au leadership, désir d'apprendre, facilité de communication, et ce cadeau du ciel qu'elle appelait la lucidité. C'est ce jour-là qu'elle me répéta que je pouvais aspirer à ce que je voulais, que les portes ne seraient pas fermées, qu'en 1945 une fille pouvait viser aussi haut qu'elle le désirait et qu'il n'y aurait rien pour m'empêcher de me réaliser. Je l'écoutais les yeux dans l'eau, sachant que j'avais bien besoin de faire remplir ma réserve d'espoir. Je sortis de sa classe en me disant que j'allais montrer à Gabrielle Roy de quoi nous étions capables, à Saint-Henri. Je me suis juré qu'un jour elle entendrait parler de moi.

La sœur Marie-Lucien m'avait dit aussi de prendre mon temps avec les garçons. Elle avait insisté : «Il n'y a rien qui presse, au contraire, si tu veux élargir tes horizons. Profite du temps dont tu disposes avant d'être mariée, parce qu'après, avec le mari, les enfants, les couches… Tu sais, les maris n'ont pas très envie de voir leur femme travailler hors du foyer.»

J'avais bien entendu ce qu'elle m'avait dit, mais ma raison commençait sérieusement à avoir du mal à tenir tête à mes sens. Mais cela, j'estimais que c'était mon territoire privé et que je ne devais en parler à personne, même pas à ma Marie-Louise, que ça aurait inquiétée.

Et des garçons, pourtant, il y en avait partout autour de moi. En fait, nous vivions au milieu d'un groupe composé de filles et de garçons, tous du même âge et tous voisins. Les frères Walker, Robert et Gordon, Gérald Provost, Roland Martin, Georges Lalonde formaient le noyau masculin de la bande. De l'autre côté, Gisèle Normandin, Jeannine Deguire, Raymonde et moi, ainsi que quelques autres qui se joignaient au groupe de façon épisodique, formaient le noyau féminin. À part Gisèle Normandin et Georges Lalonde, qui formaient déjà un couple et qui allaient se marier quelques années plus tard, aucun autre couple ne devait durer, une fois le groupe dissous.

Nous étions tous plus ou moins amoureux les uns des autres, et c'est dans ce groupe que nous allions faire nos expériences. Nous nous voyions tous les samedis soir, chez l'un ou chez l'autre, avec l'accord des parents. Nous transformions la cuisine en salle de danse. Nous avions la permission de fabriquer une boisson étrange que nous appelions «goop» et qui était composée de vin rouge Saint-Georges mêlé à du coca-cola. Aucun d'entre nous ne s'est jamais enivré, mais c'est sûr qu'il fallait une santé de fer pour passer à travers une nuit complète au goop.

Nous dansions sans arrêt sur la musique de *In the Mood* ou de *Dance Ballerina Dance*, et quand venait le temps d'un vrai *slow*, inscrit d'office à notre programme d'études romanesques, nous options pour *Stardust*. Nous avions le droit de tamiser les lumières pendant un *slow*. Que de découvertes nous avons faites, mine de rien! Quand nous étions fatigués de danser, nous jouions à la bouteille. Nous avons fini par être obligés de limiter la durée des «baisers cochons» à deux minutes, parce que autrement...

je crois que nous serions encore détenteurs des records des plus longs baisers. C'était l'équivalent de cours du soir en éducation sexuelle. Nos soirées duraient jusqu'à six heures du matin, alors que nous devions tous aller à la messe pour revenir petit-déjeuner chez les mêmes parents. Ces petites soirées, innocentes au fond, ont duré quelques années. Puis, avec le temps, chacun et chacune voulant y introduire quelqu'un de nouveau, le groupe finit par se défaire. Était-ce de la jalousie ou un désir de possession. Nous trouvions tous moins drôle de devoir nous partager avec des nouvelles ou des nouveaux.

De ce groupe, Roland Martin devait mourir le premier, il y a déjà plusieurs années. Gordon Walker, lui, avait disparu vers la vingtaine et personne n'a jamais eu de ses nouvelles. On a pensé que lui aussi, comme Adrien, le fils aîné de ma grand-mère Ouimet, avait dû partir à la guerre sous un faux nom. Pour ma part, je n'ai jamais su ce qu'il était devenu. Georges Lalonde est mort à son tour, il y a quelques années. J'ai rencontré récemment la fille de Gérald Provost, tout à fait par hasard. Elle m'a dit que son père allait bien mais qu'il était devenu sourd. Les filles, à ma connaissance, sont encore toutes là.

Je crois bien que je fus la première à imposer un nouveau venu dans ce groupe. J'étais amoureuse d'un garçon qui s'appelait A.L. Malgré les efforts et la bonne volonté de tout le monde, il n'arriva jamais à s'intégrer à ce groupe. Mais avec lui, parce que nous nous aimions beaucoup, je devais pousser un peu plus loin la découverte de mon corps. Dans les moments les plus fous, il avait le droit de toucher mes seins. Sur les vêtements seulement, parce que «sur la peau» ça provoquait une telle montée de désir en moi que j'avais peur de perdre mon contrôle.

71

Si la pilule avait existé à l'époque, il aurait sans doute été le premier. Je trouvais bien difficile la réserve que nous devions nous imposer.

J'avais si chaud parfois et je trouvais le contrôle du désir si exigeant que j'aurais souhaité me retrouver sous les boyaux d'arrosage des pompiers de la caserne de la rue Workman, comme quand j'étais toute petite. L'eau glacée dont ils nous arrosaient généreusement les jours de grande chaleur nous rafraîchissait le corps et les idées. Ils nous aidaient ainsi à survivre à la grande canicule, nous, les enfants du quartier.

Le beau grand A.L. allait cependant devenir un beau souvenir très rapidement. Les amours d'adolescents sont hélas souvent comme des feux de paille.

À l'école, j'étais présidente de la JEC (Jeunesse étudiante catholique). De temps en temps, j'étais appelée à me rendre à la centrale, rue Sherbrooke, où je croisais des gens comme Jeanne Sauvé ou Gérard Pelletier, qui étaient des permanents de l'organisme. Nous préparions un grand rassemblement qui allait réunir tous les membres de toutes les écoles de Montréal et j'avais la responsabilité de l'organisation pour mon école. Il fallait inciter les élèves à s'inscrire et leur apprendre la chanson-thème : *Mes amis, la vie est belle*. Il fallait aussi préparer la semaine consacrée à la JEC chaque année dans les écoles. Et, le vendredi de cette semaine-là, il fallait animer un grand spectacle. Ce fut la première fois que je me retrouvai sur une vraie scène, à l'école, devant toutes les élèves, comme animatrice d'un auditoire. Les leçons apprises à regarder faire les comédiens et les animateurs aussi bien à CKAC qu'à CKVL avaient porté leurs fruits. Et la sœur Marie-Lucien, qui fut la première à me féliciter, en profita pour

Je suis à l'école des grandes : Sainte-
Jeanne-de-Chantal, rue Atwater.
J'aime les sœurs de Sainte-Anne, qui
ouvrent des horizons nouveaux pour
les filles de familles ouvrières.

Mon père rêvait de voyages. Voulant voir du pays, il
s'engagea dans l'armée au début de la Deuxième Guerre
mondiale. Mais comme il était marié et qu'il avait des
enfants, il n'eut droit qu'à l'uniforme de réserviste. Il ne le
porta jamais, mais moi si, une fois, le temps d'une photo...

Nous venons de déménager au
3472 de la rue Delisle, à côté de la
cour de l'école de garçons
Victor-Rousselot. J'y habiterai
jusqu'à mon mariage en 1951.

À quatorze ans, je trouve les
garçons de mon âge inintéressants.
C'est ainsi que je suis tombée
follement amoureuse d'un homme
plus âgé que moi.

Photo officielle des finissantes de neuvième à Sainte-Jeanne-de-Chantal. La neuvième année était déterminante. Pour plusieurs filles, c'était l'arrêt des études, l'arrivée sur le marché du travail. Pour quelques autres seulement, l'accès à des études supérieures.

Un groupe de copains d'adolescence. On y vit ses premiers élans amoureux. Le samedi, on danse toute la nuit dans la cuisine, sur le prélart glissant, jusqu'à six heures du matin, chez l'un ou chez l'autre.

Je suis entourée ici de ma sœur Raymonde, de
Marie-Louise Ouimet et de Cécile. Ma grand-
mère paternelle a espéré jusqu'à sa mort le
retour de son fils Adrien, disparu à dix-sept ans,
après une querelle avec son père.

Ma Marie-Louise ne pratiquait plus depuis longtemps.
Elle « empêchait » la famille, s'en était confessée et s'était
vu refuser l'absolution. Elle avait aussitôt déclaré : « Si Dieu
existe, je réglerai mes affaires avec lui dans l'au-delà. »

me dire qu'avec ce talent-là je devrais essayer de me diriger vers des études où cela me serait utile. Rentrée chez moi, j'eus beau y réfléchir, je ne trouvai rien, excepté peut-être une possibilité de devenir maîtresse d'école à mon tour.

Ma mère fut très surprise quand je lui fis part des conseils de la sœur Marie-Lucien, car pour elle, et surtout pour mon père, une neuvième année, c'était bien suffisant pour une fille. La perspective de payer des études au-delà de la neuvième année paraissait un sacrifice que ma mère accepterait peut-être de faire, mais pas mon père.

C'est à ce moment-là que je trouvai mon premier travail de fin de semaine, chez Woolworth, rue Notre-Dame. J'y travaillai le vendredi soir de dix-huit heures à vingt et une heures, et le samedi de neuf heures à vingt et une heures, derrière un comptoir où il était absolument interdit de s'asseoir, pour la glorieuse somme de trois dollars.

C'était ma façon de prouver que je tenais à continuer mes études au-delà de la neuvième année. J'avais choisi le cours classique, tandis que ma sœur Raymonde opta pour le cours commercial. Mon père ne manqua pas de faire remarquer que son choix était plus judicieux que le mien qui, selon lui, ne menait à rien. Ma mère, plutôt que de l'entendre en parler chaque fois, décida de payer elle-même nos études, qui coûtaient une dizaine de dollars par mois au pensionnat Sainte-Angèle, rue Saint-Antoine, où nous serions externes. J'allais donc entrer en première année de lettres-sciences.

Le problème, c'est que j'avais souvent l'esprit plus aux amours qu'aux études.

9

Ma première vraie passion

Peut-on aimer avec passion à quatorze ans ? Peut-on pleurer des larmes de sang parce qu'on sait qu'à cet âge on ne pourra pas garder l'objet de son amour quand il a douze ans de plus que soi ?

Mai 1945. La célébration du mois de Marie. Nous devions nous rendre à l'église, toute la classe de neuvième, chaque jour durant le mois de mai. Pas moyen d'y échapper. La cérémonie de prières avait lieu vers quinze heures trente, après quoi nous rentrions dans nos familles.

On disait partout dans les journaux et à la radio que la guerre tirait à sa fin. L'atmosphère de ce printemps était bien particulière car il se pouvait que la paix revienne sur la terre. Nos professeurs nous incitaient à prier pour que les canons se taisent et que tout se termine bientôt.

Le mois de mai, quand on a quatorze ans, n'est pas propice à la prière. Les garçons de l'école Victor-Rousselot assistaient aussi au mois de Marie, avec le résultat qu'il était difficile de ne pas être distraite. Pourtant, ils ne m'intéressaient pas vraiment. Même les garçons de neuvième année avaient l'air de véritables enfants à côté des filles du même âge. Leur croissance n'étant pas terminée, ils étaient boutonneux, trop petits, et beaucoup trop ignorants.

Je sentais que, depuis quelques jours, on m'observait de l'autre côté. J'avais senti des yeux se poser sur moi à quelques reprises. Je faisais comme si je ne voyais rien. Ce n'était pas un élève qui excitait ainsi ma curiosité, mais un professeur. Il avait l'air beaucoup plus jeune que les autres professeurs, mais il était quand même trop vieux pour moi.

C'est à ma copine Rita Lapierre que je demandai pourquoi il me regardait comme ça.

«Arrête, me répondit-elle. Il ne te regarde même pas.

— Je te dis qu'il me regarde! Je ne suis pas folle!

— Pourquoi il te regarderait?

— Comment veux-tu que je le sache?»

Rentrée à la maison, je restai troublée. J'étais flattée d'avoir été remarquée par un personnage aussi important mais en même temps j'avais peur de ce qu'il me semblait lire dans ce regard qui se posait sur moi d'une façon que je n'avais encore jamais connue. Et j'attendis le lendemain pour voir si le manège allait recommencer.

D'autres filles l'avaient remarqué aussi. Elles en parlaient devant moi. Nous supputions ensemble son âge, car c'était très important pour nous. Dix-neuf, vingt ans? Impossible. Nous pensions toutes qu'il ne pourrait pas être enseignant à cet âge-là. L'une d'entre nous s'offrit pour aller interroger un garçon de sa classe. Il enseignait la troisième ou la quatrième année. Nous avons fini par apprendre qu'il s'appelait L.M.

J'imagine que le garçon interrogé au sujet de son professeur avait dû lui raconter que les filles s'intéressaient à lui, puisque que le lendemain L.M. commençait à nous saluer et à nous sourire à la sortie de l'église. Mais il ne parlait à personne véritablement.

Un jour, sans que je sache comment, je me retrouvai avec un billet dans la main. Quel chemin avait-il suivi pour arriver jusqu'à moi? Je n'en ai encore aujourd'hui aucune idée. On me donnait rendez-vous dans un restaurant à quelques rues de l'église, à l'angle de Saint-Jacques et d'Atwater. Je me souviens de ce moment-là comme si je l'avais vécu hier. Normalement, je n'aurais pas dû y aller. Si j'avais posé la question à Cécile ou à ma Marie-Louise, c'est sûr qu'elles m'auraient dit de me tenir loin de cet homme. Mais l'idée d'un rendez-vous clandestin me plongeait déjà dans l'atmosphère d'un roman d'amour et je savais que je ne pourrais pas refuser d'y aller.

J'avais le profond sentiment que je ne devais en parler à personne autour de moi. Je savais que L.M. prenait des risques et c'était ce qui faisait battre mon cœur deux fois plus vite. Je pris mon temps. Pour tromper toute sur-veillance, je fis un détour par la rue Greene, ce qui donnait l'impression que je rentrais chez moi. Puis je bifurquai pour emprunter la rue Albert qui me ramènerait vers Atwater, et, en quelques minutes, après avoir traversé la voie ferrée de la rue Atwater, près du couvent des sœurs grises, je me retrouvai rue Saint-Jacques. Je n'excluais quand même pas la possibilité d'une mauvaise blague. Et s'il ne venait pas? Si le billet n'était pas de lui? J'avais un peu d'argent sur moi. Si par hasard il n'était pas là, je pourrais toujours commander un café et ne pas perdre com-plètement la face.

En entrant, je regardai partout dans le restaurant. Il n'était pas là. Je me suis assise quand même. J'étais maintenant convaincue qu'une des filles m'avait fait marcher, peut-être même Rita, ma meilleure amie, à qui j'avais osé confier que ce professeur me regardait un peu trop souvent. Je la trouvai méchante et j'eus envie de pleurer, tellement j'étais déçue. Tout à coup, je le vis entrer et venir directement vers moi. Mon cœur s'arrêta de battre complètement. Je n'avais donc pas rêvé, ni rien inventé. Il m'avait bien demandé ce rendez-vous secret et il était là, avec un sourire magnifique et des yeux rieurs qui me donnaient envie de mourir avant que nous n'ayons échangé un seul mot. Je le trouvais tellement séduisant que j'eus peur de paraître insignifiante et de ne jamais le revoir. Je fus immédiatement sur mes gardes. D'abord, pour donner l'impression d'avoir plus de quatorze ans, je devais me montrer capable d'une conversation d'adulte et je devais me calmer avant d'ouvrir la bouche. Ce que je fis. Il m'expliqua qu'il espérait ne pas m'avoir déplu en demandant ce rendez-vous, qu'il avait envie de me connaître mieux et que, malgré les difficultés que cela pouvait poser, nous pouvions essayer de nous voir de temps en temps, si j'étais d'accord, afin de mieux faire connaissance. Il m'expliqua que ses journées comme professeur ne finissaient pas toutes à seize heures pile et qu'il faudrait trouver un moyen pour communiquer. Je lui expliquai que la maison que j'habitais était voisine de l'école où il enseignait et que je pouvais, par exemple, me trouver sur mon balcon entre seize heures et demie et dix-sept heures chaque jour; en marchant sur le trottoir, il passerait nécessairement devant chez moi et il n'aurait qu'à me faire un signe de la main pour que je le retrouve au même restaurant. Marché conclu.

L'idée du balcon me fit sourire pendant que je rentrais chez moi, parce qu'elle me rappelait l'histoire de Roméo et Juliette, que je trouvais tellement romantique, et que notre balcon du troisième étage, rue Delisle, n'avait certainement rien de commun avec l'image que je me faisais de la résidence de Juliette. Tant pis. J'étais heureuse. L.M. m'avait bien recommandé de garder nos rendez-vous secrets, m'expliquant que, pour lui, il y allait probablement de son emploi et qu'il valait mieux que ça reste entre nous, au moins jusqu'aux vacances, qui n'allaient pas tarder. Il avait voulu savoir si j'avais l'intention de continuer mes études après la neuvième. J'avais répondu que oui, et il m'assura que c'était le meilleur choix. Il fit l'erreur de dire qu'à seize ans il valait mieux s'instruire, et je ne corrigeai pas cette erreur qui m'avantageait.

Nos rendez-vous devinrent presque quotidiens. Et quand il marchait sous notre balcon sans lever la tête ni faire un petit signe de la main, je me sentais si triste que je n'avais plus envie de rien pour le reste de la journée. Nos conversations étaient fascinantes. Il me parlait de ce qu'il aimait, les grandes civilisations, aussi bien égyptienne que grecque. J'étais sous le charme. Nous prenions un café et, au moment de me quitter, il me donnait un baiser sur la joue en me disant : «À demain.» J'étais au comble du bonheur.

Après quelques jours, j'avais tout raconté à Cécile qui se demandait bien ce que je faisais sur le balcon tous les après-midi. Elle avait d'abord été surprise. Elle fut beaucoup plus inquiète quand je lui annonçai que L.M. avait vingt-six ans. Elle me dit que cela n'avait aucun sens, qu'un homme de cet âge-là ne devrait pas s'intéresser à une fille de mon âge et qu'elle avait bien peur que je ne sois en danger.

Je lui dis avec quelle infinie politesse il me traitait, précisant que jamais, au cours de nos rencontres, un seul mot suggérant que notre relation puisse être autre chose que ce qu'elle était n'avait été prononcé, et que, même si elle me l'interdisait, je continuerais à le voir. J'étais si déterminée qu'elle sentit qu'elle ne gagnerait rien par l'interdiction. Elle fut assez intelligente pour me dire qu'elle me faisait entièrement confiance et que j'étais capable de savoir ce que j'avais à faire. Cette marque de confiance était mon meilleur garde-fou.

Avec l'approche du mois de juin, les arbres commencèrent à se garnir de feuilles. Ça sentait bon le printemps et, après nos rencontres au restaurant du coin, dont je n'avais parlé à personne d'autre que ma mère, L.M. et moi avions pris l'habitude de marcher vers le mont Royal, où nous allions nous allonger dans l'herbe. Nous avalions un sandwich, puis, le soir venu, je mettais ma tête sur son épaule et il m'apprenait le nom des étoiles. Nous échangions des baisers qui me troublaient profondément. Puis il me ramenait jusqu'au coin de ma rue.

Il accepta de se compromettre un peu plus. Il devenait de plus en plus difficile pour moi de passer un samedi soir avec mes copains sans pouvoir parler de cet amour étrange que j'étais en train de vivre. Il m'autorisa à leur dire qu'il s'agissait de lui. Il n'y voyait pas d'objection, à condition qu'ils gardent cette information pour eux. Ils me firent la promesse solennelle de ne pas en parler à l'école des garçons.

Puis, un soir de juin, il me proposa un *nowhere*. Il s'agissait de monter à bord d'un autobus où on avait réservé des places et de partir pour une destination inconnue. On savait qu'il s'agissait toujours d'une salle de danse située à la campagne, à une trentaine de kilomètres de Montréal. C'était le summum du romantisme pour les jeunes couples. Quand, rendu dans la région de Sainte-Rose, l'autobus s'arrêta devant une salle de danse et que tous les couples s'y engouffrèrent, il me proposa de marcher aux alentours. Nous allions trouver un coin bien à nous et nous allonger dans l'herbe. Ce soir-là, nous avons échangé les baisers les plus passionnés que je pouvais imaginer. J'étais si ignorante des choses de l'amour que je ne savais pas si je devais lui dire que j'étais prête à me donner à lui, ou, au contraire, garder encore la tête froide comme ma mère me l'avait recommandé. Nos baisers étaient entrecoupés de rires et de gestes de tendresse. Mais je savais déjà que nous n'irions pas plus loin. Probablement parce que je ne savais pas vraiment ce que «aller plus loin» pouvait bien vouloir dire, et que L.M., qui en était sûrement encore plus conscient que moi, ne semblait pas vouloir me l'apprendre. Pourtant, c'est ce que je désirais le plus au monde. J'étais incapable de donner le signal qui aurait pu tout déclencher. Ce soir-là, nous n'avons pas dansé. Nous sommes retournés les premiers à l'autobus. J'étais triste et déçue, me sentant tellement ignorante. Je ne sais pas pourquoi je rentrai à la maison avec le sentiment que ce si grand amour ne pourrait pas durer.

Je n'avais pas tort. Je revis L.M. à quelques reprises jusqu'à la fin du mois de juin. Il m'emmena un soir à la Palestre-Nationale, où il y avait des combats de boxe, comme si le fait de nous occuper à autre chose que notre passion allait ramener le désir à des proportions plus raisonnables. Nous allions nous quitter encore une fois déchirés. S'il m'avait proposé d'aller chez lui, ou d'aller n'importe où avec lui, j'aurais dit oui. J'acceptais tout. Tout ce qui faisait trembler ma mère, c'est-à-dire la peur que notre relation ne devienne une véritable liaison, que je sois sa maîtresse et que je puisse me retrouver avec un enfant sans père, je l'acceptais dans ma tête. Combien de fois je me tins ce raisonnement sans être capable de l'exprimer devant lui ! Nous nous revîmes une dernière fois dans un bureau de la rue Saint-Jacques, dans le quartier des affaires. C'était au début de juillet. L'école était finie et il me fit visiter un bureau où il s'installait pour y faire je ne sais quoi. Je ne me souviens plus de ce qu'il m'a dit ce jour-là, parce que, pendant qu'il me parlait, je savais déjà dans mon cœur que je l'avais perdu. Le ton qu'il avait habituellement pour me parler avait changé. Ses yeux cherchaient à éviter les miens. Je ne restai que quelques minutes. Il me dit qu'il me téléphonerait. En sortant de son bureau, je m'en allai chez ma Marie-Louise, pleurer sur ses genoux.

C'était ma première vraie peine d'amour. Je ne m'étais pas trompée : il n'a jamais téléphoné par la suite. J'ai appris qu'il voyait de temps en temps une fille un peu plus âgée, la sœur d'une de mes amies, mais je soignais mon cœur brisé et je renonçai à essayer d'en savoir davantage. J'assumai ma peine.

Je revis L.M. deux fois par la suite. La première, un jour où je faisais une promenade de santé aux environs de l'école Victor-Rousselot. J'étais mariée, enceinte de mon premier enfant, et je sentis un tel malaise en le croisant alors qu'il accompagnait ses élèves près de l'école que je baissai les yeux pour ne pas le voir et fis semblant de ne pas le reconnaître. Je me disais alors que cet enfant que je portais aurait pu être le sien et je m'en voulais d'y penser, parce que le fait de l'avoir conçu avec un autre me paraissait une infidélité à son endroit dont j'avais un peu honte.

La deuxième fois, ce fut la veille de mes soixante ans. Je m'étais juré que, si nous vivions jusque-là tous les deux, j'irais en personne le remercier d'avoir été plus intelligent que moi et d'avoir compris que cela ne m'aurait pas rendu service qu'il fasse de moi une fille-mère à l'âge que j'avais. Je voulais lui dire aussi que, grâce à lui, un autre voile avait quand même été déchiré, celui de la connaissance. Il m'avait donné envie de tout savoir des anciens Égyptiens et des anciens Grecs. Il m'avait montré que, au-delà des murs de mon quartier ou de ma ville, il y avait plein de choses à découvrir et que je n'aurais pas trop de toute ma vie pour y arriver. J'avais retenu sa leçon.

J'avais appris par hasard, par un collègue en politique qui avait mentionné son nom devant moi, qu'il vivait toujours. J'avais interrogé ce collègue pour être sûre qu'il s'agissait bien de l'homme que j'avais déjà connu. Je me dis donc que, le moment venu, je tiendrais ma promesse.

La veille de mes soixante ans, sans en parler à personne de mon entourage, je tins cette promesse. Je lui téléphonai pour lui demander de me retrouver dans un bar près de chez lui. Il est venu. J'avais apporté de vieilles photos où nous étions si beaux, si jeunes et si minces que nous avons ri. Il a été ému, je crois, car il n'a pas beaucoup parlé. Il faut dire que je ne lui en ai pas laissé le temps. Je lui ai raconté la peine que j'avais eue cette année-là, puis la reconnaissance que j'avais ressentie ensuite, comprenant enfin, longtemps après, qu'il avait été assez généreux pour refuser de gâcher ma vie. Parce que je réalisais, que s'il avait répondu à mes attentes, ma vie entière aurait été changée.

Il m'a écrit une seule fois après cette rencontre. Pour proposer une rencontre à quatre, entre sa femme et lui, mon compagnon et moi, pour le plaisir de faire connaissance, ajoutant qu'une fois tous les quarante ans ne lui paraissait pas abusif. Je n'y ai pas donné suite. Parce qu'il me paraît évident que j'aime encore cet homme, ou plutôt la mémoire que j'en garde, d'un amour très particulier qui n'enlève rien aux autres hommes que j'ai aimés ni à celui que j'aime maintenant. L.M. fait partie de mon passé auquel je tiens et je ne veux pas ternir le souvenir que j'ai gardé de lui.

Mon père n'a jamais rien su de cette histoire. Je continuais tout simplement d'enlever mon rouge à lèvres avant de rentrer à la maison. Enfin, ce qui en restait…

Cécile, elle, fut assez contente d'apprendre que tout était fini. La passion avait duré deux mois. Je devais m'en rappeler toute ma vie. J'allais avoir quinze ans.

10

Le monde du travail

Je voulais travailler, pour acquérir un peu plus d'indépendance. Je voulais que mon argent de poche me vienne entièrement de mon travail. Je tenais à soulager Cécile qui craignait déjà la ponction d'argent que le pensionnat allait faire sur ses revenus hebdomadaires. Je cherchais autre chose que le travail peu gratifiant que j'accomplissais chez Woolworth, où j'avais été promue, pour le même salaire, au comptoir des rubans et autres colifichets. On cherchait une vendeuse d'expérience au Syndicat Saint-Henri, rue Notre-Dame. On m'embaucha au salon de la mariée. On y vendait de somptueuses robes longues blanches en satin, avec voiles assortis et ensembles de nuit. De l'autre côté, où M. Green était le patron, on vendait des ensembles masculins «jeunes mariés» parfaits pour les grands mariages. Chaque fin de semaine, nous annoncions un spécial «Muriel Millard» à vingt-neuf dollars et quatre-vingt-quinze pour les jeunes femmes, et, chez les hommes, un spécial «Jacques Normand» pour le même prix. Nous avions plus de clients que nous ne pouvions en servir. Je donnais aussi des conseils à titre de spécialiste. Sans blague.

«Trouvez-vous que je paraîtrais mieux avec une couronne ou un chapeau ?

— Le chapeau fait toujours un peu plus vieux et surtout moins romantique. Et puis ce sera peut-être la seule fois de votre vie que vous aurez l'occasion de porter une couronne, tandis que le chapeau…

— Vous avez raison. Ce n'est pas le temps de se priver. On ne se marie qu'une fois.»

Chaque fois que j'entendais cette phrase-là, je ne savais pas quoi répondre. C'était vrai qu'on ne se mariait qu'une fois, à l'époque, et qu'on vivait souvent toute sa vie à côté d'un être qu'on méprisait, sans pouvoir y changer quoi que ce soit. J'avais même déjà vu revenir des jeunes femmes qui me rapportaient leur robe de mariée deux ou trois semaines après l'avoir utilisée, me suppliant de la reprendre pour une somme ridicule, et ce pour une multitude de raisons. Parfois, le mari était parti depuis des jours sans donner de ses nouvelles, ou bien il n'avait pas dessoûlé depuis le soir des noces et il n'y avait plus d'argent dans la maison. Et il y eut ce cas dont je devais me souvenir longtemps : le futur ne s'était même pas présenté à l'église.

La politique du Syndicat Saint-Henri était de ne jamais rien reprendre. Qui aurait voulu acheter une robe de mariée usagée ? Quand elles venaient à mon salon, elles flottaient toutes sur un nuage, reines du monde, convaincues que leur bonheur allait durer toute la vie et qu'elles méritaient ce qu'il y avait de mieux en satin et en dentelle.

Je gagnais une douzaine de dollars par semaine pour six jours de travail. La semaine de neuf heures à dix-huit heures, et le vendredi et le samedi jusqu'à vingt et une heures. Je ne dépensais rien. Mon père, dans un geste inattendu, nous avait offert, à Raymonde et à moi, si nous travaillions tout l'été, de nous emmener passer quelques jours à Boston et à New York à la fin du mois d'août. Cette perspective à elle seule nous aurait fait oublier toute notre fatigue. C'était la première fois que nous irions à l'étranger, et notre père avait accepté notre demande que Cécile fasse partie du voyage. Nous étions comblées.

Nous ne savions pas exactement quel rapport nos parents entretenaient entre eux. Ils partageaient le même lit, une fois que Fernand était rentré, mais avaient-ils une relation maritale normale ou ne vivaient-ils que comme frère et sœur? Nous ne le savions pas.

Un événement survenu quelques années auparavant à Saint-André-d'Argenteuil, fin juin, alors que nous venions tout juste d'arriver pour passer l'été et que les autres chalets étaient encore tous vides, m'avait laissée perplexe. Maman avait été très malade. Cela avait duré deux jours et deux nuits. J'étais l'aînée. C'est donc à moi qu'elle dut au moins expliquer ce dont elle avait besoin, pour que je m'occupe d'elle. Elle ne pouvait pas quitter le lit. Nous restions donc, Raymonde et moi, à jouer à l'intérieur du chalet. De temps en temps, maman me faisait venir dans sa chambre et me confiait une grande bassine remplie d'un drôle de liquide, mélange de je ne sais quoi et de sang, et me demandait d'aller vider le tout à l'arrière du chalet, en m'assurant bien que personne ne me verrait faire. À mon grand étonnement, elle me réveilla même une ou deux fois au cours de la nuit pour me confier la même mission. J'étais très inquiète, mais j'étais trop jeune pour pouvoir imaginer de quoi il s'agissait. Ce n'est que beaucoup plus tard que, repensant à ces moments, j'ai cru que ma mère avait dû subir un avortement, ou qu'elle avait provoqué elle-même une fausse couche et que tout n'allait pas aussi bien qu'il aurait fallu. Mais ce n'est qu'une déduction. Je ne lui ai jamais posé de questions à ce sujet. Quelques jours plus tard, alors qu'elle venait à peine de se rétablir, je fus témoin de longs conciliabules entre elle et sa sœur Juliette, qui venait de s'installer dans un chalet voisin.

Était-ce bien ce que j'avais déduit plus tard, et, si oui, Fernand était-il le père?

Ma mère aurait bien pu avoir des amants, comme ses sœurs Yvonne et Gaëtane. Elle était assez jolie pour qu'on la remarque. Mais elle passait tellement de temps à travailler ou à veiller sur ses filles que je ne vois pas quand elle aurait trouvé le temps. Et comment aurait-elle pu rencontrer quelqu'un régulièrement sans jamais lui présenter ses deux filles? Je suis portée à penser qu'elle ne l'a pas fait. Mais aussi à le regretter pour elle, dans ce cas. Elle aurait dû. Il était évident qu'il y avait quelqu'un d'autre dans la vie de mon père. Nous le savions sans avoir jamais senti le besoin de le vérifier. C'était un fait accepté par nous trois. Et ma mère aurait mérité d'être heureuse et gâtée par la vie. Peut-être a-t-elle complètement renoncé à l'amour à cause de ses filles? Elle en était capable. Mais si tel a été le cas, elle a eu bien tort. Moi, pour une, j'aurais accepté sa double vie comme j'acceptais celle de mes tantes Yvonne et Gaëtane. Je comprenais que, pour certains couples, le mariage était l'enfer et que, comme il était éternel, il ne laissait pas beaucoup d'options à ceux qui en crevaient doucement.

Je me demandais pourquoi mon père ne nous quittait pas, au lieu de se réfugier dans l'hypocrisie de la situation qu'il nous imposait. Ou pourquoi ma mère ne le mettait pas à la porte, ce qui aurait allégé l'atmosphère de la maison. Au contraire, nous préparions ce voyage aux États-Unis «en famille» comme si tout allait pour le mieux dans le meilleur des mondes.

Au cours du voyage, mes parents ont partagé la même chambre, ce qui ne veut pas dire qu'ils couchaient ensemble. Mon père, pour une fois, paraissait heureux de jouer les guides avec nous. Il connaissait bien Boston et New York alors que nous n'avions jamais su qu'il y était déjà allé. Mais quelle importance! Nous n'avions pas assez d'yeux pour tout voir.

Nous habitions des hôtels modestes. Nous avons passé une journée à Radio City Music Hall, mangions dans des restaurants plus qu'ordinaires, trois fois par jour, et avions l'impression de vivre une immense aventure. Et maman était si heureuse! Nous ne l'avions jamais vue comme ça.

À la fin du voyage, il ne me restait plus un sou de ce que j'avais gagné durant l'été et je me mis à la recherche d'un autre emploi. Le salon de la mariée, à partir de septembre, devenait beaucoup trop tranquille. Je fus alors engagée comme vendeuse chez Alepins, place Saint-Henri, pour les week-ends d'abord et pour l'été suivant aussi.

Chez Alepins, on vendait des vêtements pour dames et pour hommes, mais surtout, à l'étage, des rideaux et tentures, du tissu au mètre, du prélart et du tapis. On en vend d'ailleurs toujours aujourd'hui. À mon arrivée, le père du clan trônait comme un roi sur une petite plate-forme au centre de son magasin. Rien n'échappait à son œil averti. Il était venu de Syrie plusieurs années auparavant et avait élevé toute sa famille, plusieurs garçons et une seule fille, Marie, derrière les comptoirs. Ils travaillaient tous au magasin, certains plus que d'autres. On m'a dit que cela n'avait pratiquement pas changé aujourd'hui, avec une autre génération, même si le patriarche est décédé depuis longtemps. Je gagnais la fabuleuse somme de quatre dollars et quarante-quatre cents, le vendredi soir de dix-huit heures à vingt et une heures, et le samedi de neuf heures à vingt et une heures. C'est là que je devais faire la connaissance du cousin d'Yvon Deschamps, Jean, qui racontait à tout le monde que j'étais la plus belle fille du quartier, ce que je trouvais flatteur mais exagéré. J'étais assez prudente, en tous cas, pour ne pas prendre sa déclaration au pied de la lettre.

Il ne fallut quand même que quelques jours pour qu'un des fils Alepins me fasse une cour assidue. Au début, cela m'amusa. Je ne savais pas quel âge il avait, peut-être vingt-deux ou vingt-trois ans. Il n'était pas très grand. De mon côté, jusque-là, je n'avais toujours été attirée que par des garçons plus grands que moi, alors qu'E. avait tout juste ma taille. Quand j'en parlai à Cécile, elle me conseilla d'oublier son apparence et d'apprendre à le connaître mieux pour découvrir les qualités qu'il pouvait avoir, ajoutant que le physique n'était pas tout et qu'avec lui, au moins, je n'aurais jamais de soucis d'argent. Cela me fit rire. Je ne comprenais pas pourquoi ma mère me conseillait, à seize ans, de choisir l'argent plutôt que l'amour. Cette vulgaire question de fortune n'allait certainement pas jouer un rôle dans mes décisions.

J'acceptai les invitations d'E. à quelques reprises. Je voyais le regard de satisfaction de ma mère quand il garait son immense voiture de l'année devant notre porte, rue Delisle. Heureusement, il n'a jamais su que maman plaidait sa cause. J'avais déjà assez honte qu'elle m'en ait parlé à moi et j'attribuais à ses propres problèmes d'argent l'in-quiétude qu'elle manifestait à mon endroit.

Elle avait raison sur un point, et je m'en rendis compte lorsque je découvris la richesse avec E. La vraie. Celle de Westmount et d'Outremont, celle qui permet d'acheter tout ce que l'on désire ici-bas. Il m'emmenait chez ses amis, qui avaient des maisons si grandes que notre logement de la rue Delisle aurait pu tenir dans une seule de leurs pièces. Des maisons qui avaient des courts de tennis privés, chose que je n'avais vue qu'au cinéma jusque-là. Les filles que je rencontrais avec lui fréquentaient Villa Maria et semblaient tout à fait à l'aise dans l'environnement somptueux qui était le leur. Pour le suivre, j'eus recours souvent à la garde-robe de ma tante Claire, car je n'avais pas dans la mienne les vêtements requis. J'ai porté ainsi des robes que ma pauvre tante n'avait même pas eu le temps d'étrenner elle-même. J'étais fascinée par la richesse que je découvrais. Sa famille avait une maison de campagne en plus de la résidence principale, sur les bords du lac Saint-Louis, à Pointe-Claire. J'avais vu là à quoi ressemblait un dimanche à la campagne chez cette jeunesse dorée. On pouvait se baigner, partir en bateau, jouer au tennis, ou ne rien faire, comme il était permis seulement aux riches. J'apprenais un autre côté de la vie que je n'avais jamais vu auparavant.

Je laissais E. m'embrasser, mais je ne l'embrassais que du bout des lèvres. Sa présence ne suscitait chez moi aucun désir, mais plutôt une sorte de curiosité pour un monde totalement inconnu. Nous restions des étrangers. Pourtant, je dois l'avouer, j'aimais ce à quoi il me donnait accès. J'étais cependant trop honnête et trop fière pour entretenir longtemps une relation qui ne se développait pas autrement. Je ne l'aimais pas, et je m'apprêtais à le lui dire. Je voulais que nous cessions de nous voir puisque cela ne menait à rien. Je ne savais trop comment faire car je n'avais jamais eu à rompre auparavant.

J'avais, par ailleurs, commencé à m'intéresser à un groupe de jeunes qui travaillaient à fonder un «Cercle pour les jeunes dans Saint-Henri». On m'avait approchée pour que je participe à l'entreprise. J'étais tentée par une telle proposition, d'autant plus que mes sorties dans le monde des riches m'avaient permis de constater à quel point la jeunesse de Saint-Henri était démunie quant aux loisirs. Pas de tennis pour nous, pas de jolis parcs non plus. Seulement le béton des trottoirs et les restaurants du coin où traînaient aussi parfois de jeunes garçons nommés Dubois[1] et d'autres moins connus qu'il valait mieux ne pas fréquenter de trop près. Nous n'avions rien. Pas de bibliothèque, pas de salle de danse, rien. Aucun accès au théâtre à part les après-midi chez les pompiers, où nous avions découvert le burlesque. Rien de «culturel» qui soit digne de ce mot.

Le seul parc qui nous était accessible était le parc Selby, dans lequel se déroulaient nos batailles régulières contre les anglophones de Westmount. Elles avaient lieu surtout l'été, le soir, quand il faisait chaud. Je n'ai jamais su pourquoi ces affrontements revenaient chaque année. Était-ce la bataille du français contre l'anglais, ou celle des pauvres contre les riches ? J'y allais chaque fois que j'entendais dire qu'une bataille était prévue. On se lançait des roches. Personne n'a vraiment jamais gagné ni perdu. Il n'y eut jamais de blessé grave, heureusement.

À Saint-Henri, on voulait un lieu culturel bien à nous, où l'on pourrait écouter de la musique classique, de

---

1. Les membres du célèbre clan Dubois.

l'opéra, discuter des derniers livres parus, un lieu qui serait même doté d'un ciné-club. Parmi les jeunes que j'avais rencontrés à ce sujet, il y avait un certain Antoine, ainsi que Raynald Tessier et Jacques Payette. Dès notre première rencontre, ils ont commencé à me taquiner en disant que j'allais un jour rencontrer leur copain André qui était, disaient-ils, à l'origine de l'idée et qui étudiait pourtant à Ottawa. Cela m'amusait. J'avais des idées auxquelles je tenais beaucoup. Ils semblaient penser qu'entre leur copain et moi se produirait une sorte de choc de fond qu'ils ne voulaient pas manquer.

Je donnai son congé à E. Il eut de la peine. Je me sentais maladroite de ne pas avoir su rompre plus correctement qu'en lui disant bêtement que je ne l'aimais pas. Je n'étais pas douée pour les séparations. C'était l'automne 1948.

Je savais maintenant qu'il y avait des riches et des pauvres. Je ne savais rien de la politique ni du fonctionnement de la planète. Mon horizon géographique s'était élargi jusqu'à New York, mais mon monde était encore tout petit. Je me trouvais toujours bien ignorante. J'étais heureuse d'avoir entrepris des études classiques. Je faisais de la philosophie et du latin. On n'enseignait pas le grec aux filles. Les religieuses nous avaient quand même conseillé de prendre des cours de dactylographie. «On ne sait jamais», disaient-elles.

J'étais une étudiante douée et j'avais à cœur de ne pas dépenser l'argent de ma mère pour rien. Je travaillais fort. Mon cœur était de nouveau libre. J'ai fini par rencontrer André, un soir, peu avant Noël, au magasin Alepins où je terminais ma journée de travail. Ses copains, qui l'accompagnaient tous, heureux d'assister à ce qu'ils avaient prévu comme une rencontre spectaculaire, me l'ont présenté. Je n'ai vu que ses yeux.

J'avais dix-sept ans. J'étais amoureuse de l'amour comme le sont souvent les filles de cet âge. Il se peut que l'attitude de ses copains m'annonçant qu'il y aurait, de toute façon, un coup de foudre, que c'était écrit dans le ciel et que nous ne pourrions pas y échapper, m'ait prédisposée à ce qui allait se produire. Notre rencontre, ce soir-là, ne dura que quelques minutes, mais mon cœur se mit à danser dans ma poitrine. J'étais sous le charme.

Je ne savais pas que se décidait là une bonne partie de ma vie.

DEUXIÈME PARTIE

11

Le prince charmant est arrivé

Il n'y eut pas de cheval blanc mais beaucoup de rêve. Ma vie, du jour au lendemain, se trouva complètement chambardée. André étudiait à Ottawa et il ne venait à Montréal qu'une fois tous les trois mois. Nous échangions des lettres presque quotidiennes qui servaient à entretenir une flamme qui nous tenait bien au chaud tous les deux. Nous étions amoureux et nous trouvions que la langue française n'avait pas assez de mots pour l'écrire. Chaque soir, nous écoutions l'émission de Félix Leclerc, fidèlement, lui à Ottawa, moi à Montréal. C'était notre rendez-vous secret.

> *J'ai deux montagnes à traverser*
> *Deux rivières à boire[1].*

> *Demain, si la mer est docile,*
> *Je partirai de grand matin,*
> *J'irai te chercher une île,*
> *Celle que tu montres avec ta main[2].*

---

1. Félix Leclerc, *J'ai deux montagnes à traverser.*
2. Félix Leclerc, *Demain, si la mer.*

Je vivais dans l'attente, moi aussi. Comme ma mère. L'attente d'une lettre, ou d'une visite.

J'allais souvent tout raconter à ma Marie-Louise, qui ne comprenait pas qu'on puisse aimer autant par correspondance. Si bien que je finis par craindre le retour d'André, redoutant d'être déçue. Mais ce ne fut pas le cas.

Les quelques jours que nous partageâmes durant les vacances de Pâques ne firent que confirmer l'attachement que les lettres annonçaient déjà. André était tendre et attentif. Il était fils unique. Sa mère était morte en couches à son deuxième enfant, et on l'avait alors confié aux soins de sa grand-mère maternelle et de ses nombreuses tantes. Elles l'avaient beaucoup gâté car elles trouvaient qu'il faisait pitié d'avoir perdu sa mère. Son père, Amable, s'était remarié beaucoup plus tard avec une femme extraordinaire du nom de Thérèse, qui avait eu bien du mal à se faire accepter de la famille Lagacé, l'ex-belle-famille de son mari. André était destiné à la prêtrise. Sa grand-mère Lagacé avait déjà donné un fils à la religion, Alfred, oblat de Marie-Immaculée, et aurait bien aimé que son petit-fils suivît les traces d'Alfred. Quand il était tout petit déjà, elle lui avait fait fabriquer un autel afin qu'il puisse jouer à dire la messe.

André avait étudié au juvénat mais, au moment de notre rencontre, il avait déjà renoncé à sa vocation et ma présence dans sa vie ne fit que confirmer pour lui qu'il avait fait le bon choix. Mais la grand-mère ne l'entendait pas ainsi et il fallut beaucoup de temps et de gentillesse pour que je sois admise dans le cercle familial. Thérèse, la belle-mère d'André, avait vraiment été la seule à m'ouvrir les bras, me recommandant de me préparer à une véritable lutte, elle qui était encore vue d'un mauvais œil par la belle-famille et traitée comme une voleuse de mari.

Ma mère n'aimait pas ce qui était en train de m'arriver et elle me le dit. Devant l'exclusivité de l'amour que je portais à André, elle me fit remarquer souvent que je n'avais que dix-sept ans et lui que dix-huit, et que je ne savais rien de ce qu'il faisait à Ottawa alors que moi je m'enfermais à la maison pour écouter les disques et les émissions de radio qu'il aimait et pour écrire des lettres sans fin. Elle enchaînait en disant :

«J'ai assez attendu dans ma vie ; je ne veux pas que l'une de mes filles fasse la même chose.

— Ce n'est pas pareil, maman, lui répondais-je. Lui, il m'aime.»

Je m'appliquais encore plus aux études, pour être encore plus digne de lui. J'avais confié mon secret à la sœur Marie-Ella, qui me comprenait si bien que j'en avais conclu qu'elle avait dû connaître l'amour humain elle-même pour savoir aussi bien de quoi je parlais.

Les religieuses du pensionnat Sainte-Angèle n'étaient pas toutes aussi compréhensives que la sœur Marie-Ella. Certaines étaient moins disponibles, moins rieuses aussi. Comme la sœur Marie-Reine-des-Anges, que je devais hélas avoir comme professeur en quatrième année lettres-sciences. Nous avions au moins une fois par semaine des discussions ouvertes sur des sujets de notre choix. Ces discussions nous permettaient d'exprimer des opinions, de les défendre, d'atténuer nos positions si parfois quelqu'un d'autre dans la classe faisait valoir un point de vue qui paraissait valable. Nous discutions de tout, de questions politiques aussi bien que de questions sociales.

Un jour, la sœur Marie-Reine-des-Anges nous proposa de discuter du cas suivant : deux hommes, l'un riche et connu, l'autre pauvre et parfaitement inconnu, sont victimes d'un grave accident en même temps; s'il n'y a qu'une seule place disponible à l'hôpital, lequel des deux doit-on soigner? Elle prétendait qu'il fallait sauver l'homme riche et connu, qui avait sûrement déjà rendu bien des services à la société et qui était visiblement en position d'en rendre encore beaucoup d'autres s'il était sauvé. Je fus complètement scandalisée. J'entrai dans une colère mémorable dont tout le couvent entendit parler et qui laissa la bonne sœur bouche bée, incapable d'ajouter un mot. Je quittai la classe en claquant la porte. La sœur Marie-Reine-des-Anges ne devait plus jamais en reparler. C'est la seule fois qu'une sœur de Sainte-Anne me scandalisa autant, et même aujourd'hui il m'arrive encore de penser à elle quand on annonce dans les journaux que les salles du service des urgences des hôpitaux sont remplies. Chaque fois, je me dis que je n'ai jamais lu dans un journal, à ce jour, qu'un cardinal s'était retrouvé dans un corridor du service des urgences, en attente d'un lit.

Les sœurs, pour la plupart, chantaient aussi les louanges du Premier ministre Maurice Duplessis, qui était au pouvoir depuis 1936. Je n'entendais pas la même chanson dans ma famille. Ma Marie-Louise racontait parfois que c'était à cause de lui que tout allait mal.

«Ce mangeux de balustrade, il écrase les petits!

— Tais-toi donc, répondait Ernest. Tu ne connais rien à la politique.

— Le problème, disait ma Marie-Louise, c'est qu'un autre ne ferait probablement pas mieux. Ils sont tous pareils.»

Son opinion ne changeait pas. Ni sur les politiciens ni sur les curés. Sauf peut-être pour un drôle de prêtre qu'abritait alors le presbytère de la paroisse Saint-Irénée, situé juste en face de chez elle. Il s'appelait l'abbé Saey, mais pour nous, les enfants, il avait toujours été l'«a b c», bien sûr. Les gens disaient que c'était un saint. Il était sans âge et il n'avait que la peau et les os. On racontait à son sujet que, au moment de manger un sandwich pour tout repas, il allait d'abord le passer sous le robinet pour faire un sacrifice et s'obliger à manger le pain mouillé. On disait aussi que ses parents, qui habitaient le nord de la ville, lui achetaient un manteau d'hiver chaque année car, dès que l'abbé rencontrait un pauvre qui n'avait pas de manteau, il lui offrait le sien. Il pouvait se promener en veste de laine par des températures largement au-dessous de zéro. L'abbé Saey était un saint homme pour certains et un fou pour d'autres. Ce qui est sûr, c'est que son comportement déroutait, et ma Marie-Louise ne savait plus quoi en penser. Un prêtre aussi différent des autres, était-ce possible?

L'abbé Saey avait fondé une sorte de communauté religieuse de femmes, qu'on appelait dans le quartier les Samaritaines. Elles vivaient dans un petit local commercial à l'angle des rues Delisle et Greene. Leurs fenêtres étaient ornées d'épais rideaux blancs et on ne les voyait toujours sortir que par deux. On racontait qu'elles dormaient à même le sol et qu'elles allaient aider les femmes malades chez elles en faisant du ménage et en s'occupant des enfants. J'avais sûrement déjà l'esprit mal tourné, comme me disaient les religieuses à l'école, car j'avais du mal à comprendre pourquoi le saint abbé n'enfermait que des femmes dans son local et pas des hommes. Cela faisait rire ma Marie-Louise, qui trouvait, elle, que j'étais sur la bonne voie.

J'écrivais toujours à André. J'appris ainsi qu'il ne passerait pas l'été à Montréal. Il avait signé une entente avec l'école des officiers, le COTC, et il serait en poste à Borden, ce qui était encore pire qu'Ottawa. Je me désolais de mes amours vécues à distance. Ma mère aussi. Elle m'incitait à retrouver mes amis, à continuer ma vie. Je la sentais triste quand nous nous retrouvions côte à côte à la table de la cuisine, en train de lire des romans d'amour, elle attendant Fernand, moi attendant André.

Surtout, disait-elle, que je finirais par être amoureuse de quelqu'un que je ne connaissais pas, donc qui n'existait peut-être pas non plus.

Chez Alepins aussi, cela devenait intenable. E. ne me parlait pratiquement plus. Le climat n'était pas bon. Je demandai alors d'être transférée au deuxième étage, histoire de travailler sous les ordres de quelqu'un d'autre. Là, ce fut pire. Je me battais quotidiennement avec un patron qui cherchait constamment à me pousser dans un coin, qui profitait de la présence d'une cliente pour me mettre la main sur l'épaule ou passer son bras autour de ma taille, et qui me frôlait les seins chaque fois qu'il en avait la possibilité. C'était insupportable et je finis par quitter mon emploi. Je ne savais pas encore que cela s'appelait du harcèlement sexuel.

En juin 1949, Raymonde et moi allions recevoir nos diplômes le même jour. Elle terminait deux années d'études commerciales, et les diplômées du pensionnat Sainte-Angèle étaient tellement recherchées par les patrons qu'elle avait déjà des offres d'emploi. Moi, j'espérais encore pouvoir continuer mes études à Lachine, à la maison mère des sœurs de Sainte-Anne, mais mon père était indécis. Cécile avait payé nos études chaque mois jusque-là, mais l'aide de mon père était nécessaire pour la suite. Je lui en avais déjà parlé deux ou trois fois. Il répondait toujours qu'il allait y penser. Puis, un jour, la décision est tombée. «Il est temps que tu commences à travailler. Moi, à dix-huit ans, ça faisait longtemps que je travaillais. Et puis tu vas te marier un jour. Ça servira à quoi, autant d'études, pour changer des couches?» Fin de la discussion.

Je me sentais si humiliée. J'espérais que Cécile prenne ma défense, mais elle ne bougea pas. Elle n'avait pas réussi à me convaincre de mettre un peu André de côté pour retrouver une vie normale de fille de dix-huit ans. Elle m'abandonna au moment même où c'était moi qui mettais en elle toute ma confiance. Je préférai aller pleurer chez ma Marie-Louise. Elle aurait bien voulu m'aider, mais elle ne pouvait utiliser l'argent que lui versaient Émile, Gaëtane et Claire pour leur pension. Même mariée, Claire habitait chez ma Marie-Louise avec son mari Pierre, et tous aidaient à faire vivre ma grand-mère et son mari Ernest. Il aurait fallu obtenir l'accord de chacun d'eux pour payer mes études, et je ne voulus pas.

Je n'avais plus le choix. Mes études étaient terminées. Le jour de la remise des diplômes, j'avais le cœur en miettes malgré la présence d'André, qui avait tenu à y assister. Mon père n'y était pas. André me confia ce jour-là qu'il espérait éventuellement continuer ses études à l'université de Montréal, ce qui aurait pour effet de nous rapprocher. Cette nouvelle mit un peu de baume sur ma grande déception.

Si Raymonde avait déjà du travail, ce n'était pas mon cas. Mon père se permettait de répéter, chaque fois qu'il en avait l'occasion : «Je te l'avais bien dit que ces études-là, ça ne menait à rien.» Je finis quand même par trouver un emploi de secrétaire. Je remerciai les sœurs, dans mon for intérieur, de nous avoir obligées à apprendre la dactylographie. Mon emploi était cependant moins bien que celui de Raymonde, et surtout moins rémunéré. C'était une douce revanche, je l'admettais volontiers, pour elle qui avait toujours été la deuxième. À l'école primaire, elle arrivait toujours dans une classe que je venais de quitter. Elle me suivait de si près qu'on lui mettait chaque fois sous le nez les succès que j'avais eus avant elle. Raymonde devait en avoir assez de se faire demander si elle était ma sœur. Enfin, c'était son tour. Elle avait tout : un bon travail, un bon salaire, les moyens de payer une pension à maman et d'acheter ce dont elle avait envie, des robes et des tailleurs auxquels je ne pouvais que rêver. Je n'avais rien. Je travaillais comme secrétaire dans un minuscule bureau rempli de poussière, rue Sainte-Catherine, près de la rue Guy, où j'avais la responsabilité de préparer les commandes des dentistes de Montréal qui y achetaient des fausses dents.

C'est ainsi que j'appris que ma gauche était leur droite et vice-versa. Un dentiste identifiait la gauche et la droite quand il faisait face à un client. Ce qui me paraissait si étrange à l'époque me ferait bien rire plus tard quand je découvrirais que c'était un peu la même chose en politique! La gauche pouvait devenir la droite, selon le point de vue où on se plaçait.

La différence de revenu entre Raymonde et moi donna lieu à notre première vraie dispute. Nous nous étions toujours bien entendues auparavant. Mais, un jour, sans lui demander la permission, je lui empruntai une robe toute neuve qui me faisait terriblement envie. Elle me fit une terrible colère quand elle s'en rendit compte. Je ne devais plus jamais toucher à rien de ce qui lui appartenait. J'avais eu ma leçon.

Je quittai mon emploi au bout de quelques mois pour aller chez un concurrent, Canada Dental. Je fus sous la coupe d'une patronne méchante à l'égard de toutes les femmes qui se trouvaient sous son autorité. J'ai oublié son nom, heureusement. Mais cette femme avait le don de noircir toutes ses subalternes aux yeux des patrons, tout en nous destinant, par ailleurs, des sourires amicaux. Elle créait un climat intenable et je trouvai ce milieu absolument pourri. Je devais cependant en retenir la leçon qu'il y avait du chemin à faire avant que les femmes ne soient solidaires. Je m'éveillais doucement à la condition des femmes au travail. J'apprenais vite.

À la maison, mon père se moquait de moi. Je ne gagnais qu'une vingtaine de dollars par semaine et il paraissait évident que je n'irais pas beaucoup plus loin. C'est à ce moment-là que ma tante Adrienne me suggéra d'aller passer les examens d'entrée chez Bell. Je parlais assez bien l'anglais et j'entrepris les démarches surtout pour lui faire plaisir, car je me voyais mal avec un encadrement aussi sévère. Le jour dit, j'allai passer les tests. Je les fis très sérieusement, mais, à la fin de la journée, on m'apprit que ma candidature était rejetée parce que, disait-on, visiblement, je manquais d'esprit d'initiative. Je fus déçue. Cet incident m'est revenu à la mémoire le jour où, alors que j'étais en politique depuis quelque temps, on m'a demandé d'inaugurer, comme députée de Dorion, un nouvel édifice de Bell dans mon comté. Je m'amusai follement à raconter, devant tous les grands patrons et les employés réunis, ma journée chez Bell à l'époque. Quand je leur dis qu'on m'avait refusé un emploi chez eux par manque d'esprit d'initiative, les employés s'esclaffèrent tandis que les patrons ne savaient quelle attitude adopter. J'en tirai une grande satisfaction.

Je quittai Canada Dental après quelques mois, surtout à cause de la grande pimbêche qui me rendait la vie impossible, et je répondis à une petite annonce parue dans un journal local. Il s'agissait d'une école de peinture située à Westmount et qui était à la recherche d'une personne pouvant s'occuper des inscriptions et des petits travaux d'administration. Je fis la connaissance de Sévère Masse, un personnage amusant, peintre de talent qui ne devait jamais percer vraiment. Il avait trouvé une façon de gagner sa vie en enseignant le dessin et la peinture aux dames de Westmount. Elles soignaient leur ennui en classe d'art. Je fus très heureuse chez lui. Je gagnais vingt-deux dollars par semaine. J'étais assez libre de mon temps. Je pouvais m'abstenir de travailler un matin, et travailler une soirée en remplacement. Je remis les affaires de Sévère en ordre et je fis en même temps mon éducation dans le domaine de la peinture. Quand je le laissais faire, Sévère pouvait parler de peinture pendant des heures. J'appris avec lui à apprécier les chefs-d'œuvre, l'histoire de la peinture et des grands maîtres. En fait, j'aurais dû payer pour travailler chez lui. Nous nous entendions très bien et je savais que je continuais à apprendre.

Il m'accorda même quelques jours de vacances au début de l'été. Je ne facilitai pas les choses à ma mère car je lui annonçai que j'allais passer une longue fin de semaine avec André près de Borden. Je ferais le voyage en train, et je lui demandai de ne pas s'inquiéter. J'avais d'abord pensé qu'elle s'y opposerait, mais elle se contenta de me rappeler ce que serait la réaction de mon père s'il apprenait ce voyage. Nous inventâmes une histoire d'invitation de fin de semaine chez une copine de classe et elle me donna un peu d'argent parce que je n'en avais pas encore beaucoup. Au moment du départ, elle me répéta, comme toujours : «N'oublie pas que je te fais confiance.» Elle ne savait sûrement pas ce que ces mots-là représentaient pour moi. J'étais absolument incapable de trahir sa confiance. C'est comme si elle avait déposé entre mes mains non seulement son honneur, sa fierté, son sens du devoir, sa réputation et tout ce qui s'y rattachait, mais également la confiance de ma Marie-Louise. Si la confiance de ma mère n'avait pas été suffisante, celle de ma Marie-Louise ne me laissait aucune chance de perdre la tête.

Je n'ai jamais su si André avait été déçu de ces quelques jours de grandes découvertes mais aussi de grandes frustrations. Nous avons partagé un lit dans une cabine de plage au bord d'un lac magnifique. Je devais m'assurer de rentrer à la maison aussi vierge que quand j'en étais partie. Je voulais pouvoir dire à Cécile qu'elle pouvait continuer à me faire confiance. C'était difficile, je l'avoue. André a su se montrer parfait gentleman. Il était d'accord pour qu'on attende. Sous l'emprise de l'enseignement religieux, il désirait sincèrement que nous passions devant le curé avant d'aller plus loin. Nous avions commencé à parler de mariage, mais pour plus tard seulement.

12

Je découvre le monde

André finit par s'installer à Montréal, et il s'inscrivit comme prévu à l'université. Ses parents n'étant pas riches non plus, son père lui donnait un dollar par jour pour payer le tramway et son repas de midi. C'était peu, même à l'époque. Il avait choisi la faculté de philosophie, ce qui déçut beaucoup mon père, qui avait cru qu'il s'inscrirait en médecine ou en droit. André fut classé par mon père comme un poète, ce qui n'était pas flatteur.

Dans les confidences qu'il m'avait faites, André rêvait de devenir comédien. Il vouait une passion au théâtre. Une fois à Montréal, il réussit à se faire accepter chez les Compagnons de Saint-Laurent.

Nous étions inséparables. Partout où il allait, j'allais aussi. Les amis qu'il se faisait devenaient les miens. Ce fut le cas autant à l'université que chez les Compagnons de Saint-Laurent ou à Ottawa plus tôt, où j'avais, grâce à lui, fait la connaissance de Jean-Roch Boivin, que je devais retrouver beaucoup plus tard dans ma vie.

Je connus donc, en même temps que lui, le père Émile Legault, qui avait cru que nous étions frère et sœur tellement il trouvait que nous avions des traits communs. Puis Guy Hoffman, Lionel Villeneuve, Hélène Loiselle, Jean Coutu, Yves et Jacques Létourneau, Georges Groulx, Renée et Marcelle David, et Guy Messier, qui est resté mon ami personnel jusqu'à aujourd'hui. Il dirigeait, à ce moment-là, l'Ordre de Bon Temps, un groupe de danse folklorique. Nous nous sommes perdus de vue souvent, mais nous nous sommes retrouvés dans les endroits les plus inattendus tout au long de notre vie.

Du côté de l'université, avec André, je fis la connaissance d'Hubert Aquin, que je trouvais déjà fascinant. Il avait le talent de refaire le monde en quelques phrases bien senties. Ce don de la parole me séduisait vraiment. Michèle Lasnier était sa compagne, douce et amoureuse. Je connus aussi Alice Reid, une belle grande jeune femme délurée et fragile à la fois, que je compte toujours parmi mes amies.

Je me retrouvai un jour au centre d'un projet de film que nourrissaient Raymond-Marie Léger, Michel Brault et Jacques Giraldeau, tous étudiants. Il s'agissait de *La Peste*, d'après le roman d'Albert Camus. Ils n'avaient pas, hélas, réussi à lever les fonds nécessaires à la production, et le projet fut abandonné, faute d'argent. Quand j'avais parlé de ce projet à Cécile, elle s'était mise à rêver pour moi d'une vie de vedette du cinéma. Je devais interpréter le premier rôle féminin, et elle fut déçue autant que moi.

Chez les Compagnons de Saint-Laurent, on répétait *Meurtre dans la cathédrale*. Je découvrais les coulisses du théâtre. Gabriel Gascon traînait par là avec Gisèle Mauricette, qui allait devenir sa femme. Gaëtan Labrèche allait y tenir un tout petit rôle, comme André d'ailleurs. Robert Spaieght, venu de Londres, assurait la mise en scène. C'était un être étonnant et un acteur de talent qui en mettait plein la vue en travaillant. Le soir de la première, on avait oublié le disque des trompettes. S'en apercevant, Spaieght fit les trompettes avec sa bouche. Le spectacle a failli tourner court, tellement tout le monde riait.

La prochaine pièce au programme était *Roméo et Juliette*. Jean Coutu jouerait Roméo, ce qui allait être son plus grand rôle au théâtre, à mon avis. Hélène Loiselle serait une Juliette inoubliable. Les répétitions allaient bon train. La nounou de Juliette était interprétée par Lucie De Vienne Blanc. De pouvoir assister aux répétitions était un privilège extraordinaire et constituait une école merveilleuse. J'avais l'impression de tellement apprendre que je ne regrettais pas les études que j'avais dû abandonner. Je passais tout mes temps libres chez les Compagnons de Saint-Laurent. Le père Legault, me croisant un jour dans les coulisses, me dit de me joindre aux danseuses dont on avait besoin pour la scène de bal chez Juliette, ce que je fis avec joie. À la maison, je n'en parlais qu'à Cécile, dont les yeux brillaient quand je racontais comment les choses se passaient au théâtre. Elle vivait l'expérience à travers moi avec plaisir, mais déchantait quand elle réalisait qu'André et moi parlions de mariage alors qu'il n'avait aucun emploi stable ni aucune perspective d'avenir. Le théâtre ne payait pas, c'était bien connu. Elle se désespérait pour moi.

André avait été recruté pour faire de la figuration dans la troupe de Louis Jouvet qui jouait *Le Malade imaginaire* à Montréal. Comme je le suivais toujours, j'eus le bonheur de connaître Jouvet. Je voyais la pièce de la coulisse et chaque soir, au moment d'une de ses sorties de scène, il avait un mot gentil pour moi : «Tu n'as pas froid, mon petit?» ou «Tu es très jolie, tu sais, mon petit» ou encore «Quel métier de merde on fait, mon petit». Vous comprendrez ma stupeur quand j'entendis récemment une animatrice de télévision dite «journaliste culturelle» poser la question suivante : «Est-ce qu'il a vraiment existé, Louis Jouvet?» Je suis presque tombée en bas de ma chaise. Et on me dira aujourd'hui qu'on n'est plus dans la «grande noirceur»!

Nous étions en 1950. Raymonde passait beaucoup de son temps chez sa marraine Adrienne, qui avait finalement épousé un Américain de Rouses Point, un petit village situé juste à la frontière, près de Montréal. Adrienne était considérée comme la vieille fille de la famille Ouimet. Elle avait toujours vécu avec sa mère. Elle avait une amie qui, depuis au moins vingt ans, lui parlait de son cousin qu'elle voulait lui présenter, mais ne l'avait jamais fait. Puis le cousin avait été marié, et ce n'est que quand il devint veuf que l'amie en question le présenta enfin à Adrienne, qui l'épousa quelques semaines plus tard. Il s'appelait Sanford Gooley. Raymonde s'était prise d'affection pour lui et pour ce petit village où elle avait fait la connaissance d'un jeune Américain qui lui plaisait. Je m'attachai rapidement à Sanford, cet oncle nouveau, si bon et si généreux. Au cours d'une visite chez Adrienne, je fis la connaissance d'un beau grand pilote de l'aviation américaine que je trouvai très séduisant. Nous ne nous vîmes que deux ou trois fois. À mon grand étonnement, je le trouvai, tard un soir, dans le salon chez ma mère. Il m'avait attendue toute la soirée sans même pouvoir expliquer à Cécile en français ce qu'il me voulait. Il voulait m'épouser. Il avait une bague dans les mains et proposait que nous nous fiancions immédiatement pour nous marier quelques mois plus tard, quand il aurait droit à un long congé.

Je lui expliquai que j'étais déjà amoureuse de quelqu'un d'autre et qu'il était aussi question de mariage. Il était charmant, mais je ne le connaissais presque pas, et je n'avais pas l'intention de le connaître mieux non plus. Je lui déclarai mon refus tout doucement, de crainte de lui briser le cœur. Ma mère était furieuse, croyant que j'avais encouragé ce pauvre garçon, pour le laisser tomber par la suite. C'était faux. Quand il fut reparti, aux petites heures, avec sa peine et son diamant, je fis jurer à ma mère de ne jamais en parler à André. C'était à lui que je tenais.

Parce que je l'aimais, bien sûr, mais aussi parce que je me sentais parfaitement en harmonie avec le monde qu'il me permettait de découvrir et qui autrement me serait probablement demeuré étranger.

Il restait à André un été à compléter au COTC, à la suite de quoi il recevrait le grade de lieutenant, en Ontario. C'est au cours de cet été 1951 que nous prîmes la décision de nous marier. Contre l'avis de presque tout le monde. Celui de l'oncle Alfred, l'oblat que la grand-mère Lagacé fit intervenir, celui du père d'André, qui trouvait son fils trop jeune, et celui de ma mère, qui me conseillait d'attendre de connaître un peu mieux la vie.

Ma Marie-Louise, elle, me dit que c'était probablement une folie, mais que j'avais l'âge de faire des folies. Nous avions fêté quelques années auparavant son cinquantième anniversaire de mariage avec Ernest, et à ce moment-là, alors que je lui disais que je les trouvais beaux ensemble, elle m'avait souhaité d'en faire autant. Cinquante ans, un bail.

Nous avions fixé la date du mariage au 6 octobre, quelques semaines seulement après le retour d'André du camp d'été, le jour de son vingt et unième anniversaire de naissance. Nous étions ainsi à l'abri d'une intervention autoritaire de son père. Quant au mien, je lui avais clairement fait entendre, en lui annonçant notre décision, que, s'il s'y opposait, je quitterais la maison et qu'il ne me reverrait jamais. Il ne dit pas un mot. La date du mariage était donc décidée. Le sort en était jeté : le 6 octobre 1951, je deviendrais une femme mariée. J'allais changer de nom, car on ne gardait pas son nom de fille, à l'époque. Je m'apprêtais à quitter la maison de mes parents, mais pour aller où ? Cela, c'était une autre histoire.

13

Marie-Louise, ma douce

L'été 1951 fut très occupé. Pour le mariage, André et moi n'avions pas un sou. Nous comptions sur l'argent que le travail d'été nous rapporterait pour payer les vêtements du mariage et pour «partir dans la vie».

J'achetai du tissu pour fabriquer moi-même ma robe. Je n'étais pas très douée pour la couture, mais je savais qu'en m'appliquant bien je pourrais y arriver. Il n'était certainement pas question pour moi d'aller m'acheter l'ensemble spécial de la mariée au Syndicat Saint-Henri. Guy Robillard, un ami qui terminait son COTC avec André, nous avait assurés qu'il nous offrirait deux alliances en cadeau. Mon père avait accepté de payer la réception. Nous aurions, c'était certain, quelques cadeaux en argent. Nous pourrions donc démarrer avec quelques centaines de dollars, mais nous n'atteindrions pas la somme de mille dollars. Mon père eut ce qu'il crut être une brillante idée : il songea à nous offrir notre première grosse dette. Il proposa de nous acheter un réfrigérateur, de payer le premier versement au moment de l'achat, et de nous laisser payer les versements mensuels suivants. Je refusai net. Un réfrigérateur ne me paraissait pas assez essentiel pour que nous assumions une si grosse dette au départ. Il nous donna l'argent d'un versement.

Un jour que j'allais accompagner mon patron Sévère Masse à Québec, où il désirait visiter une exposition, je fus sidérée, en quittant la maison, par le spectacle que j'eus sous les yeux. Le couvent des sœurs grises, rue Atwater, à l'angle de la rue Albert, était la proie des flammes. Le couvent était devenu avec les années un refuge pour personnes âgées. Je courus jusqu'au coin de la rue. La fumée noire couvrait déjà tout le quartier. Les pompiers n'étaient pas encore arrivés et je vis des vieux et des vieilles criant désespérément dans chaque fenêtre ouverte en ce beau jour d'été, pour retomber rapidement dans les flammes sans espoir de secours. Le spectacle était horrible. Je pleurais de rage devant mon impuissance. Qu'aurais-je pu faire de plus que les autres personnes regroupées sur le trottoir d'en face, incapables d'approcher du brasier qui dégageait une chaleur intolérable? Les pompiers finirent par arriver, avec des échelles qui n'atteignaient pas les étages supérieurs de ce magnifique édifice en pierre dont tout l'intérieur était en bois franc. On avait beau leur crier qu'il y avait quelqu'un en chaise roulante dans telle ou telle fenêtre, c'était inutile. Ils furent vite débordés par la situation. Ils demandèrent l'aide d'autres casernes, mais le drame était déjà irréparable.

Je ne voyais plus rien dans la fumée. Les pompiers non plus, j'imagine. Je retournai chez ma Marie-Louise, qui habitait près de là. Je pleurais, et elle aussi. Elle avait déjà menacé de «casser maison», comme elle disait chaque fois qu'elle était en colère, et d'aller s'installer avec Casseau chez les sœurs. Elle devina très vite que j'avais pensé à elle et me prit dans ses bras. Elle pleurait aussi pour tous ces vieux qu'on n'avait pas pu sauver. Il y eut, ce jour-là, un grand nombre de morts dans l'incendie. Les sœurs s'étaient battues jusqu'au bout. Je n'ai jamais oublié ces images. J'annulai le voyage à Québec. Tout le quartier était en deuil.

Au mois d'août, il fut de nouveau question d'un voyage à Québec. Ma mère désirait rendre visite à son frère Gérard qui, marié à Jeannette Desmarais, habitait Québec depuis quelque temps. Gérard avait été notre oncle préféré, parce qu'il avait été très bon pour nous et qu'il avait beaucoup soutenu ma mère. André annonçait sa visite pour la même fin de semaine et je réussis à convaincre ma mère de l'emmener avec nous. Nous allions nous marier dans quelque temps et je ne voulais pas rater une minute avec lui.

Nous habitâmes une vieille auberge pour touristes près du Château Frontenac. Ma mère passait plus de temps que nous chez Gérard, ce qui nous permettait de visiter la ville en amoureux sans trop de contraintes. Le samedi, vers dix-huit heures, alors que nous étions passés à la chambre pour nous changer avant d'aller souper, on frappa avec insistance à la porte. C'était Gérard. Sa voiture était en bas, avec Jeannette et maman. Il venait nous chercher pour rentrer à Montréal d'urgence. Ma Marie-Louise n'allait pas bien. Je n'en croyais pas mes oreilles. Nous l'avions laissée le matin même, alors qu'elle gardait le fils de ma cousine Rolande. Elle était alors en forme et elle m'avait même chargée d'un message pour Gérard, lui disant qu'elle espérait le voir bientôt. Nous fîmes nos bagages rapidement et nous nous retrouvâmes dans la voiture avec les autres. Le voyage me parut éternel. Il fallait alors cinq heures pour faire la route de Québec à Montréal et j'aurais voulu avoir des ailes.

En entrant dans la maison de la rue Delisle, chez ma Marie-Louise, tard le soir, je sus tout de suite que nous arrivions trop tard. Ma Marie-Louise était morte sans m'attendre. Je les entendis raconter qu'elle était tombée vers dix-sept heures, juste après avoir annoncé qu'elle allait se reposer dans son lit quelques minutes. Au lieu de s'allonger, elle était tombée, se frappant la tête sur la commode près du lit. Elle n'avait pas repris conscience. Le médecin était venu, mais avait conseillé qu'on la laisse tranquille. On n'emmenait pas les malades à l'hôpital comme aujourd'hui. On ne sauvait pas non plus des gens quand les dommages au cerveau menaçaient d'être irréversibles. Le médecin avait attendu qu'elle meure, puis il était parti. Ernest, son mari, pleurait seul dans son coin. Dans la peine générale, on l'avait un peu oublié. Il était devenu aveugle au cours des mois précédents et ses yeux morts laissaient couler des larmes silencieuses. J'allai le serrer dans mes bras. Il me dit : «Qu'est-ce que je vais devenir? Elle est partie la première.»

Ma Marie-Louise avait soixante-dix-huit ans. Qu'allais-je devenir moi-même? Je venais de perdre l'un des plus gros morceaux de ma vie. Ma Marie-Louise ne me verrait pas mariée.

Je pleurai toutes les larmes de mon corps. Je n'étais d'aucune utilité pour consoler les autres. Ma Marie-Louise qui m'avait dit, un jour : «On n'est jamais complètement mort tant que quelqu'un pense encore à nous.» Elle m'avait confié une mission : celle de la garder vivante. Une mission que j'allais prendre au sérieux toute ma vie.

Nous ne priserions plus ensemble. Parce que, de temps en temps, j'essayais de priser avec elle, et elle riait parce que je m'étouffais. Elle ne jouerait plus à chaque coup les chiffres de ma date de naissance à la loterie clandestine qu'un monsieur venait lui vendre chaque semaine pour vingt-cinq cents ou un dollar. Elle ne lancerait plus ses lunettes sur le mur de la cuisine en disputant contre ces prétentieux qui promettaient de lui rendre ses yeux et qui n'y arrivaient jamais parfaitement. Elle ne s'assoirait plus jamais à table, dans sa cuisine, seule, quand tous les autres auraient fini de manger, se servant une assiette avec les restes des plats encore chauds sur le poêle. Elle ne ferait plus de tartes aux pommes ni de beignes pour Noël. Elle ne m'appellerait plus Lison comme elle le faisait depuis toujours. Elle ne prendrait plus jamais ma tête dans ses mains pour me consoler.

Elle ne serait pas là pour mon mariage. Moi qui tenais tant à sa présence! Elle avait été ma complice depuis ma petite enfance, et m'avait si souvent remise sur les rails. Elle était beaucoup plus que ma grand-mère : à la fois ma meilleure amie, ma consolatrice et mon guide vers l'âge adulte, alors que je ne savais plus vers qui me tourner. Le vide qu'elle a laissé dans ma vie, cette femme simple et brillante à la fois, n'a jamais été comblé. En perdant ma Marie-Louise, je savais que c'était une partie de moi que je perdais. Je ne pourrais dorénavant que me demander « ce qu'elle aurait dit ou ce qu'elle aurait fait à ma place » pour la retrouver présente chaque fois. Elle m'a accompagnée toute ma vie, et, quand quelque chose allait mal, c'est toujours ma Marie-Louise que je mettais au travail pour arranger les choses de « l'autre côté ». Il en est encore de même aujourd'hui. Et si elle met trop de temps à me répondre, je l'engueule en lui disant de bouger un peu plus vite.

Elle est restée ma merveilleuse Marie-Louise.

Elle est décédée le 18 août 1951, la veille de son soixante-dix-huitième anniversaire. J'allais avoir vingt ans onze jours plus tard.

14

L'amnésie du 6 octobre 1951

Les préparatifs de mon mariage allaient bon train. La mort de ma Marie-Louise avait jeté beaucoup de tristesse sur l'événement, et l'attitude du père d'André, qui ne cessait de dire à son fils qu'il était encore temps de renoncer, me rendait très nerveuse. J'avais terminé ma robe, que je voulais d'une grande simplicité, et, en fait, j'avais hâte que le mariage soit passé. Les invitations étaient parties et il ne restait qu'à savoir si le 6 octobre serait une douce journée d'automne ou une journée de début d'hiver. Terrible angoisse !

La veille du mariage, je m'étais couchée tard. Je ne tenais pas en place. Je n'arrêtais pas de tout vérifier et revérifier. Avait-on oublié quelqu'un, ou quelque chose ? J'épuisais les autres autour de moi. Je ne dormis pas de la nuit. Vers cinq heures du matin, les fleurs qui avaient été commandées furent livrées à la maison. Je me souviens très bien d'être allée ouvrir et d'avoir signé le reçu de livraison. Puis après, plus rien. Le noir total. L'amnésie.

Je n'ai, à ce jour, aucun souvenir de la journée du 6 octobre 1951, avant tard dans la soirée, où je devais «revenir à moi» dans ce chalet des Laurentides qu'une amie nous avait offert pour une semaine en cadeau de noces. Que s'était-il passé entre cinq heures du matin, le moment de la livraison des fleurs, et celui du réveil, je n'en sais absolument rien. Ou plutôt je sais tout ce qu'on m'a raconté sur la cérémonie et la réception, parce qu'il a fallu qu'on me raconte tout, comme si je n'avais pas été présente moi-même. L'amnésie était totale. La seule explication qu'on m'ait jamais donnée, c'est qu'un trop grand stress avait pu me faire décrocher complètement. Je me souviens que ma peur était terrible. J'avais peur qu'André ne vienne pas, qu'il se laisse convaincre par son père ou par son oncle Alfred que le mariage n'était pas pour lui. J'avais peur que la cérémonie ou la réception ne soient ratées. J'avais peur du mariage et de tout ce que cela impliquait. L'inconnu avait réussi à me paralyser.

Toute ma vie, je ne me suis jamais souvenue d'avoir descendu le long escalier du troisième étage de la rue Delisle avec mon père. On m'a raconté que les voisins étaient sur les balcons pour nous saluer. Je ne me suis jamais souvenue d'être entrée à l'église, où les familles et les amis nous attendaient. J'ai toujours été incapable de me souvenir de ce qui s'y était passé, ni des paroles que l'oncle Alfred, qui bénissait le mariage, avait prononcées. Pas plus que de la sortie de l'église. Si je n'avais pas une photo très officielle pour en témoigner, je pourrais jurer que je ne me suis pas mariée. On m'a raconté aussi que la réception s'était déroulée normalement, mais que mon père, que je n'avais jamais vu ivre de ma vie, s'était enivré légèrement et avait tenu à André un discours étonnant en lui serrant les deux épaules, l'adjurant de rendre sa fille heureuse s'il ne voulait pas avoir affaire à lui !

Je devais aussi apprendre, quelques jours plus tard, qu'à la fin de la journée de mon mariage mon père était retourné à la maison pour y prendre toutes ses affaires. Il quitta ainsi ma Cécile, en lui annonçant tout simplement qu'il s'en allait vivre ailleurs et qu'il ne reviendrait plus jamais. Elle ne pleura pas devant lui. Je n'ai jamais su pourquoi il avait agi ainsi. Je n'ai jamais su non plus si mon mariage l'avait libéré de ses responsabilités, qu'il estimait avoir assumées de son mieux, ou si c'est la peur du jugement que je porterais sur lui qui l'avait fait rester à la maison.

Car il avait un peu peur de ce que je penserais de lui. Je n'ai jamais connu la raison de ce départ. Nous n'avons pas eu le temps d'éclaircir tous ces «peut-être» avant sa mort. J'espère toujours le revoir quelque part, je ne sais où. Ne serait-ce que pour lui dire que si, à vingt ans, mon jugement était sévère envers lui, ma tolérance, avec l'expérience des années vécues depuis, a augmenté assez pour que je puisse l'accepter comme il était.

Je ne savais rien de son départ quand, le moment venu, je me laissai raccompagner à la maison par Raymonde, que je changeai de vêtements et que je partis avec André en voyage de noces. L'arrivée à ce fameux chalet fut toujours un mystère. On m'a raconté qu'il y avait quelqu'un avec nous pour nous montrer le chalet et nous donner les clés. Ce serait logique, mais je ne m'en souviens pas.

Heureusement, je revins à la réalité quelques heures plus tard, comme par hasard au bon moment pour que cette journée qui devrait être mémorable ne finisse pas en catastrophe. C'est la voix de Jacques Normand qui me sortit de ma longue absence. Oui, Jacques Normand. Il y avait, cette nuit-là, un radiothon à CKVL, je crois. André avait ouvert la radio pour trouver un peu de musique, m'a-t-il raconté, et tout à coup j'ai entendu distinctement la voix de Jacques Normand. J'étais revenue à la vie. Je n'ai jamais raconté à Jacques qu'il avait sauvé ma nuit de noces.

Je m'étais mariée vierge, comme Cécile l'avait souhaité. André aussi. Je n'avais pas eu à lui poser la question, tellement nos maladresses respectives nous rendaient drôles et touchants. Mais nous ne devions pas rester maladroits longtemps. Et je découvris que ma mère, que j'avais trouvée vieux jeu si souvent, avait eu raison de nous conseiller d'attendre. L'exaltation n'en était que plus grande. Nous n'eûmes droit qu'à une toute petite semaine d'un bonheur inouï, au creux de la nature en feu et de l'été des Indiens.

C'est la seule chose que j'avais négligé de prendre en compte : l'été des Indiens… Quelques semaines plus tard, j'attendais mon premier enfant !

Nous avions fait le projet qu'André termine ses études pendant que je continuerais mon travail chez Sévère Masse. M. Ogino n'avait qu'à aller se rhabiller. Et moi aussi, par la même occasion. Le projet était à l'eau, et moi au lit pour quatre mois et demi. Je pensai mourir à plusieurs reprises. J'aurais compris André s'il avait ramené sa jeune femme dans sa famille en demandant qu'on annule le mariage «pour problème majeur». Il me ramena en fait chez ma mère pour qu'elle me soigne. Je vomissais mon âme, jour après jour, malgré les médicaments, sans jamais pouvoir avaler une gorgée d'eau ou une bouchée de nourriture.

Je n'avais passé que quelques petites semaines dans l'appartement que nous avions loué rue Sherbrooke, près de la rue Greene, et que nous avions aménagé tant bien que mal avec des meubles venus de nos deux familles. Il n'y avait qu'une seule grande pièce, que nous avions peinte en vert foncé. Dans notre grande innocence, nous n'avions pas réalisé que le petit balcon fermé par des fenêtres d'été qu'on nous avait proposé comme cuisine ne servirait pas au-delà de la mi-novembre, tellement il y faisait froid.

Au bout de quelques mois, les études d'André furent terminées. Il devait trouver un travail rapidement et cela ne s'annonçait pas si facile. Nous n'avions absolument pas prévu ce qui était en train de se passer. Et j'avais l'impression d'être responsable, parce que j'étais enceinte, de tous les malheurs qui nous tombaient sur la tête. Je ne pesais plus que quarante-six kilos, mais je ne perdis pas l'enfant. Autant les quatre premiers mois et demi furent infernaux, autant, du jour au lendemain, à la moitié de ma grossesse, je retrouvai d'un seul coup la santé et le goût de vivre. La deuxième partie se passa dans la joie. J'étais florissante. Je pris quarante-huit kilos en quatre mois. J'avais le sentiment d'être un ballon gonflé à bloc. Mais le médecin, déjà ravi de voir que j'allais mieux, m'assura que tout reviendrait à la normale après l'accouchement.

Ma tante Yvonne et son ménage à trois allaient quitter un joli petit trois-pièces de la rue Delisle. Ma mère insistait pour qu'on s'y installe. Le loyer était raisonnable et nous allions garder plusieurs meubles de ma tante. Nous serions près de chez Cécile, qui pourrait ainsi veiller sur sa fille. Honnêtement, je ne sais plus de quoi nous avons vécu. André avait bien fini par trouver du travail, mais où, je ne le sais plus. J'étais tout entière à l'écoute de la vie qu'il y avait en moi. J'avais l'impression d'être la première femme de l'histoire qui allait accoucher. Les gros soucis ne semblaient pas avoir de prise sur moi. J'avais commencé à vivre uniquement pour cet autre événement, totalement inconnu, que je devrais affronter. J'allais être mère avant mes vingt et un ans, ce qui ferait sûrement de moi une femme adulte. Du moins, je l'espérais.

Je n'avais pas revu mon père. L'occasion de la naissance de Daniel serait peut-être le moment choisi.

15

Mon fils est né

Toutes celles à qui j'avais demandé comment j'allais savoir que le grand moment était arrivé m'avaient répondu que je ne pourrais pas me tromper, que je le saurais. C'était en juillet 1952 et il faisait horriblement chaud. Je vivais donc très doucement dans l'attente de ces signes inconnus qui annonceraient ma délivrance. J'avais préparé le trousseau du bébé, et je le revérifiais chaque jour. J'avais eu une frousse terrible, quelques semaines auparavant, quand le médecin, pris d'un doute important, m'annonça qu'il ne serait pas surpris si j'avais des jumeaux. Comme, du côté de mon père, les premiers enfants de ma grand-mère Ouimet avaient été des jumeaux, Adrien et Adrienne, il me fit passer une radiographie (l'échographie n'existant pas), malgré les risques que cela comportait, afin d'en tirer une certitude. À la lecture de la radio, non seulement on m'avait rassurée en me disant que je ne portais qu'un seul bébé, mais on avait même pu me dire qu'il s'agissait d'un garçon. J'attendais donc mon fils.

Son arrivée était prévue pour le 14 juillet. C'était un atout pour André et moi. Le 14 Juillet, fête nationale de la

127

France dont nous rêvions, semblait de bon augure pour la naissance d'un petit.

Il nous arrivait de croiser de temps en temps Gabriel Gascon et sa femme Gisèle, qui attendaient aussi un premier bébé. Gisèle et moi avions, en même temps, un désir incontrôlable de mets chinois. André et Gabriel étaient encore chez les Compagnons de Saint-Laurent. Nous parlions théâtre. Gisèle disait à qui voulait l'entendre qu'elle aurait cet enfant-là mais qu'elle n'était pas du tout certaine d'en avoir d'autres. André et moi avions fait le projet d'avoir six enfants. Il avait souffert d'être enfant unique, et moi de n'avoir qu'une sœur. La perspective d'une famille plus nombreuse nous faisait rire et je disais que je serais sûrement capable de faire aussi bien que ma Marie-Louise. Un jour, j'appris que Gisèle avait accouché, en deux heures, sans aucune difficulté. J'étais sûre qu'il m'arriverait la même chose.

Je ne savais plus comment m'installer pour dormir. Tout mon corps était chambardé. Quand je me regardais, je ne me reconnaissais plus. J'étais comme une boule. Une montagne. Je me dis que cela ne durerait qu'un temps et je fis confiance à mon corps pour qu'il se remette en ordre le plus rapidement possible après l'accouchement. Je préparai ma petite valise pour le 14 juillet. C'était la canicule. J'allais accoucher à l'Hôpital général de Verdun et j'avais maintenant hâte que ce soit terminé. Le 14 n'apporta rien de différent des autres jours. Le 15, à dix heures du matin, je perdis les eaux. Je ne savais pas ce que c'était. On avait oublié de me dire que cela pouvait arriver. À onze heures, j'étais à l'hôpital avec André, qui portait la valise. Maman m'avait regardée partir avec des larmes dans les yeux. L'attente serait longue. Mon fils naquit à une heure du matin, le 16 juillet 1952, soit après quinze heures de travail. Durant toute la soirée précédente, de ma chambre, la fenêtre grande ouverte, j'avais écouté sans vraiment les entendre les discours politiques des candidats de l'Union nationale réunis devant une foule considérable dans le parc voisin de l'hôpital. On était à la veille d'une élection à laquelle je n'avais pas encore le droit de voter. Je n'avais que vingt ans, et ce droit, durement gagné par des femmes, dont ma grand-mère, ne s'appliquait pas avant l'âge de vingt et un ans.

Je fus très étonnée de réaliser que j'allais être mère sans avoir le droit de vote. Et encore plus étonnée que mon fils soit né quand les discours eurent cessé et que la fanfare se fut tue.

André joua parfaitement son rôle de père, me tenant la main pendant toute la durée du travail, me faisant patiemment marcher dans le couloir pour activer les choses, et se retirant dans la salle d'attente au moment où on me transporta dans la salle d'accouchement. Les pères n'assistaient pas encore à la naissance de leurs enfants.

Dès que je fus revenue dans ma chambre et qu'on nous eut montré notre bébé, nous l'avons examiné centimètre par centimètre, pour être bien sûrs qu'il ne lui manquait rien, et André rentra dormir. Moi, je passai des heures à rêver à ce que je ferais de ce fils, à ce que nous ferions ensemble, à ce que je voulais pour lui, à ce qu'allaient être nos vies à partir de là.

J'avais décidé de nourrir mon fils au sein. C'était la mode à l'époque, une mode qui disparaît et qui resurgit à intervalles réguliers, selon la théorie médicale qui prévaut à tel moment. Quand on m'apporta le bébé la première fois, j'ai su tout de suite que nous allions nous entendre. Il annonçait un caractère décidé, et j'invitai mentalement ma Marie-Louise à venir le voir. C'était le plus beau bébé du monde. J'étais déjà fière de lui. J'avais la vie devant moi et j'étais bien décidée à en tirer tout le bonheur possible.

Il me semblait cependant que tout allait trop vite. La machine du temps s'était comme emballée tout à coup, et j'avais du mal à réaliser pleinement qu'en neuf mois et neuf jours je m'étais mariée et j'étais devenue mère. Je sentais le besoin de reprendre le contrôle de ma vie, de mon corps et de notre avenir, qui était déjà là. Nous étions trois. Les mathématiques avaient toujours été ma faiblesse.

Pendant les jours qui suivirent, j'eus la surprise de croiser une ancienne compagne de classe du pensionnat Sainte-Angèle. Elle venait aussi d'accoucher de son premier enfant et nous nous retrouvâmes par la suite dans les couloirs de la pouponnière. Monique Lebeau avait été une rivale sur le plan scolaire. Plus sage que moi, plus réservée aussi, moins exubérante, elle m'avait fascinée par sa capacité d'organiser son temps d'étude sans jamais se laisser distraire par quoi que ce soit. Elle m'avait enlevé la place de première pendant pratiquement toute ma dernière année d'études, alors que l'amour tenait déjà une bien trop grande place dans ma vie. La retrouvant à l'hôpital comme moi, j'aurais voulu lui demander comment elle se sentait, si elle était aussi dépaysée que moi et si elle ressentait très fort ce qu'on appelle la fibre maternelle. Je ne l'ai pas fait. Nous nous sommes contentées de nous montrer nos bébés, de les trouver beaux, sans plus. Les parfaites petites mamans parlant couches et crampes en attendant de ramener un autre être vivant à la maison.

Cela m'aurait pourtant tellement aidée si elle avait pu me dire qu'elle se sentait, elle aussi, «déstabilisée», mais elle paraissait beaucoup plus calme que moi intérieurement, et je tus mes craintes et mes appréhensions. Deux ans de séparation avaient fait de nous des étrangères. J'en fus très étonnée.

Mon père me rendit visite à l'hôpital. Il vint un après-midi, un peu mal à l'aise, disant qu'il venait voir son petit-fils. Je crus voir de la fierté dans ses yeux, mais je n'en parlai pas. Il me fit de drôles de recommandations, mala-droites, me disant qu'il fallait bien prendre soin des enfants, qu'ils étaient fragiles, mais qu'il ne fallait pas trop les gâter non plus, pour qu'ils ne deviennent pas insup-portables. Il trouva son petit-fils bien petit malgré ses trois kilos soixante, et repartit comme il était venu, sans me dire si nous allions nous revoir ni où il habitait. Et surtout pas avec qui il habitait. Sa visite avait duré une quinzaine de minutes. Et tous les deux nous avions été trop timides pour parler de quoi que ce soit de vraiment important.

Comme notre enfant était un garçon, les parents d'André seraient parrain et marraine. Je leur fis bien jurer d'appeler mon fils Daniel et de ne pas changer son prénom une fois à l'église. Celle-là, on me l'avait déjà faite.

16

Ma vie de nomade

À la naissance de son fils, André prit la décision de trouver un vrai travail. Malgré ses efforts et ses recherches, le seul poste disponible rapidement fut celui de professeur d'anglais, dans l'armée, à Valcartier. Cela voulait dire que la petite famille devrait se déplacer au moins jusqu'à Québec, et ce six semaines après la naissance de Daniel.

Je ne sautais pas de joie. Et, je l'avoue, je n'étais pas particulièrement en forme non plus. Je trouvais le rôle de mère exigeant. J'avais le sentiment de passer mes nuits debout pour donner à boire à mon bébé, et j'étais épuisée. C'était mon premier enfant et, n'ayant pas élevé de petit frère ou de petite sœur auparavant, j'étais démunie. L'idée de m'éloigner de ma mère à ce moment-là représentait une immense difficulté supplémentaire. Pourtant, un refus paraissait absolument impossible. Je partis donc pour Québec, avec les quelques meubles que nous possédions. Je passai quelques jours à l'hôtel en attendant que l'appartement soit prêt. Nous allions habiter à Saint-Pascal, pas très loin de chez mon oncle Gérard et sa femme Jeannette. À l'hôtel, pendant quelques jours, Daniel dut dormir dans un tiroir de commode, mais, destiné à beaucoup voyager, il n'en fut pas contrarié.

La vie se réorganisa doucement. André partait de la maison vers cinq heures pour Valcartier et rentrait vers dix-neuf heures. Je passais donc la journée seule. J'essayais d'être une bonne maman. Je sortais mon bébé chaque jour dans son landau pour une promenade au grand air. Je voyais peu mon oncle Gérard, ni sa femme d'ailleurs. Ils travaillaient tous les deux. Le premier mois, le compte de téléphone fut fabuleux. J'avais tellement besoin de conseils et de soutien que je ne cessais d'appeler ma mère. Puis, petit à petit, je commençai à assumer mon éloignement. Je nourrissais le bébé, par facilité, mais je ne me nourrissais pas. Je mangeais seule les trois repas de la journée, et je finis par ne pratiquement plus rien manger. J'aurais voulu sevrer mon bébé, mais je ne savais pas comment faire. Quand il eut neuf mois, je faisais de l'anémie et il ne profitait plus. Je consultai enfin un médecin.

Nous allions déménager une autre fois, dans la rue voisine, pour habiter un logement plus clair. J'eus à peine le temps de m'y installer. Je venais de cesser de nourrir Daniel et je découvris que j'étais de nouveau enceinte. De nouveau prise de vomissements, je n'arrivais plus à m'occuper de mon fils. Je me retrouvai complètement déshydratée, à l'hôpital. On décida de me ramener chez ma tante Adrienne, à Rouses Point, avec Daniel. Elle était la seule à disposer de tout son temps. Elle pourrait s'occuper de Daniel tout en tâchant d'éviter que je me retrouve dans le même état que lors de ma première grossesse. Je revécus pourtant la même chose. Quatre mois et demi d'enfer, suivis de quatre mois et demi de bien-être total.

Juste avant mon départ de Québec, André avait quitté l'armée pour accepter un poste de journaliste à *L'Événement Journal*. Nous en avions discuté beaucoup, parce que le salaire de journaliste allait être lamentable comparé à celui de professeur pour l'armée. Mais André voyait là l'ouverture qu'il attendait. C'était devenu son désir d'être journaliste. Il accepta ce poste, qu'il devait occuper pendant quelques mois seulement. Il remit l'appartement, devenu trop cher, et s'installa chez son ami Paul-Marie Lapointe, pendant que je n'étais pas là.

Vers le cinquième mois de ma grossesse, j'appris qu'André quittait Québec pour Trois-Rivières, où le poste CHLN lui faisait une proposition intéressante. Si bien que, vers le sixième mois, je fis le voyage de Rouses Point à Trois-Rivières. Nous avions un logement au deuxième étage, rue Sainte-Angèle. Ma fille Dominique naquit à l'hôpital de Trois-Rivières, le 7 janvier 1954. Cette fois, cependant, je ne quittai la maison que deux heures avant sa naissance. Elle vit le jour à treize heures, en pleine lumière, mais il fallut tout le savoir et toute la rapidité du docteur de Bellefeuille pour la mettre au monde correctement. Quand on la remit dans mes bras, je sus que nous nous étions bien battues, toutes les deux, pour qu'elle vive, et qu'elle allait être une battante pour le reste de ses jours.

J'étais plus qu'heureuse d'avoir une fille. Mes parents seraient parrain et marraine. Le baptême n'eut lieu que plusieurs semaines plus tard, à cause des tempêtes de neige qui n'offraient aucun répit. Je n'avais pas parlé à mon père. Je n'aurais pas su où le joindre. Mais il devait parler à maman de temps en temps pour prendre des nouvelles. Il me fit savoir qu'il acceptait d'être parrain. Le jour dit, nous eûmes encore une fois une discussion au sujet du prénom que je voulais donner à ma fille. Mon père trouvait que mon choix faisait trop masculin et trop italien. Je finis quand même par avoir le dernier mot. Elle porterait le prénom de Dominique.

Ma sœur Raymonde se maria peu de temps après. Elle était amoureuse d'un jeune anglophone d'origine irlandaise, aux cheveux tout roux. Je ne l'avais pas encore rencontré. Je réalisai comme mon mariage nous avait éloignées l'une de l'autre. Nous étions redevenues presque comme au temps de Rosette. Je suivais ma route et elle la sienne. Je n'étais pratiquement plus allée à Montréal depuis mon mariage, et cette coupure n'allait que s'approfondir. Raymonde devint donc Mme Terence Peter Bracken, pour le plus grand bonheur de mon père qui voyait dans ce mariage la réussite de sa cadette.

À Trois-Rivières, j'ai vraiment grandi. J'avais déjà commencé à apprivoiser la solitude à Québec, car les amis, aussi merveilleux fussent-ils, ne remplaçaient pas le milieu familial que j'avais connu. De plus, il était clair que je ne voulais pas d'autre enfant tout de suite. André était réticent aux solutions que je proposais. Il traînait encore des convictions religieuses qui entravaient nos plans. M. Ogino revint donc coucher avec nous. Pour le meilleur et pour le pire.

Je réalisai rapidement que deux enfants coûtaient plus cher à élever et que l'argent qu'André gagnait ne nous mènerait pas très loin. Je cherchai donc le moyen d'améliorer notre sort. À CHLN, grâce à André, je connaissais déjà Pierre Bourgault et Georges Dor, qui y travaillaient aussi. Dor écrivait des recueils de poèmes qu'il vendait ensuite de porte en porte en ville. Bourgault ne parlait pas encore de politique. Puis je fis la connaissance de Jacques

Dufresne, un annonceur à la voix superbe, adoré du public de Trois-Rivières, et nous fîmes ensemble le projet d'un courrier du cœur radiophonique quotidien. J'avais vingt-trois ans et j'allais m'inscrire en spécialiste des choses du cœur! J'écrivais les textes de réponse que Jacques lisait à la radio. Le courrier était abondant. Ce fut la première fois que je pris à ce point conscience de la misère humaine, du drame des femmes battues et de celui de l'inceste, ces péchés cachés, souvent avec la complicité des femmes. Elles se sentaient coupables d'en être les victimes et n'en parlaient pas. Je fus consternée par le nombre d'enfants dont on abusait, sans que personne n'en parle. Quand les mères le savaient, elles ne dénonçaient pas nécessairement les coupables. Les lettres étaient souvent désespérées.

J'étais dans la ville natale de Maurice Duplessis, proche des journalistes qui transmettaient les informations, et j'avais donc l'oreille collée à la vie politique du Québec.

J'avais le sentiment qu'aucune école n'aurait pu faire mieux mon éducation sociale que ce courrier du cœur, et qu'aucune ville n'aurait pu faire mieux mon éducation politique que la ville chérie de l'Union nationale. J'avais les yeux et les oreilles grands ouverts. J'étais comme une éponge et j'absorbais tout. Nous avions comme ami Magloire Gagnon, un journaliste d'expérience qui fut la voix du slogan de l'époque, «Le pont, il nous le faut et nous l'aurons», que tous les Trifluviens ont connu. Nous fréquentions aussi Antoine Desroches, qui, de CHLN, devait passer à *La Presse*, à Montréal, où il est resté jusqu'à sa retraite.

Pour ma part, je m'étais souvenue de la recommandation de la sœur Marie-Lucien. Quand j'étais mal prise, je devais me rappeler que j'avais deux atouts : je savais parler et écrire. Jamais je ne devais oublier cette clé précieuse qu'elle m'avait donnée.

J'écrivis donc quelques textes dramatiques que Jacques Dufresne lisait de sa belle voix et le succès se rendit jusqu'à Montréal. Ce fut CJMS qui lui fit du pied. Il quitta donc Trois-Rivières pour la métropole.

CHLN avait la réputation d'être une pépinière de talents. C'était vrai avant nous et ce l'était encore dans les années 50. On y trouvait, en plus de ceux déjà nommés, Léo Benoît, qui allait par la suite diriger le service des émissions dramatiques de Radio-Canada et qui nous faisait mourir de rire, à l'époque, avec des numéros d'hypnotisme très réussis.

J'avais trouvé des gardiens bénévoles pour les enfants. Ils furent bercés par les Bourgault et les Dor assez souvent pour permettre à leur mère de respirer.

Je devins enceinte une troisième fois. Mais, cette fois-ci, sans en parler à André, je lançai un S.O.S. vers Montréal. On m'avait dit que ma tante Claire pouvait se procurer des pilules provoquant l'avortement. Je lui expliquai qu'il était impossible pour moi d'envisager d'avoir un troisième enfant si tôt après la naissance de Dominique. Elle me fit parvenir les médicaments, que je pris en cachette. Quelques semaines plus tard, je fis une fausse couche, que je prétendis naturelle pour ne pas créer de problème de conscience à André. L'incident fut clos.

Peu de temps après mon arrivée à Trois-Rivières, alors que ma deuxième grossesse n'était pas encore trop évidente, j'avais accompagné mon ami Raymond Lebrun à Montréal pour assister à une représentation du *Cid* de Corneille mettant en vedette Gérard Philipe. André y était allé avant moi. Ce soir-là, il gardait les enfants. Lebrun et moi y avions croisé de bons citoyens de Trois-Rivières qui avaient fait circuler plus tard la rumeur que Lebrun était peut-être le père de Dominique. Ils n'étaient pas très forts en calcul, eux non plus.

J'avais adoré la performance de Gérard Philipe. Je le trouvais tellement séduisant que j'aurais voulu aller le voir jouer chaque soir.

On offrit à André un travail au journal *La Frontière* de Rouyn-Noranda. Le salaire y serait un peu plus élevé qu'à Trois-Rivières et il accepta. Le journal était la propriété des oblats de Marie-Immaculée, et le séjour passé d'André chez eux comme étudiant ne devait certainement pas lui nuire auprès des propriétaires. Je ne savais pas où était Rouyn, ni Noranda. Je dus regarder une carte du Québec pour savoir où j'allais vivre. Daniel avait un peu plus de trois ans et Dominique pas tout à fait deux quand nous avons repris la route vers le nord-ouest du Québec. Je priais ma Marie-Louise tous les jours pour ne pas redevenir enceinte trop rapidement. C'était devenu une véritable obsession.

17

Au pays de «la Bittt à Tibi[1]»

Nous avons trouvé une jolie petite maison à Noranda. C'était la première fois de ma vie que j'allais habiter un duplex avec un escalier intérieur menant au deuxième étage, où se trouvaient les chambres. Trois petites pièces au rez-de-chaussée et trois chambres au deuxième. Le bonheur parfait. Il était déjà convenu que j'essaierais de trouver du travail, car, encore une fois, bien que le salaire d'André fût suffisant pour nous permettre de vivre, nous allions être plutôt serrés. Il m'arrivait de penser à ma mère en souriant, me disant qu'elle serait bien malheureuse de savoir que sa fille, comme elle, tirait le diable par la queue. L'argent était une préoccupation constante pour nous aussi.

Mais, rapidement, j'obtins une chronique dans *La Frontière* et j'acceptai un emploi de secrétaire, chargée des relations publiques, chez les Steelworkers. Ils n'étaient pas encore devenus les Métallos. Leurs bureaux occupaient le sous-sol d'un immeuble de la rue principale, à Rouyn. Le local était toujours vibrant d'activité. Il y avait déjà eu une grève douloureuse à la Noranda Mines, et il s'en préparait

---

1. Chanson de Raoul Duguay.

une deuxième. Il fallait maintenir l'enthousiasme et préparer les épouses des mineurs à appuyer la grève. Il était apparu évident que si les femmes ne voulaient pas qu'il y ait une grève, il n'y en aurait pas. Chez les Steelworkers, je trouvai une jeune femme qui fut ma meilleure amie pendant longtemps, Marcelle Leclair. Elle avait perdu son père, qui s'était noyé peu de temps auparavant au cours d'une partie de pêche et dont on n'avait pas retrouvé le corps. Elle était jolie et brillante. Nos relations furent bonnes dès le départ. Elle avait besoin de travailler, elle aussi. Le bureau était dirigé par Pat Burke, un monsieur d'un certain âge, anglophone, mais sympathique et attachant. C'était le bon père de famille typique.

Parmi les organisateurs recruteurs, il y avait Marcel Sauvé, surnommé «Mars», qui ne parlait que l'anglais malgré son nom français, et Robert Bouchard, jeune syndicaliste, qui connaissait un certain succès auprès des femmes. Il était doué d'un physique à la Gregory Peck. À ma connaissance, à ce jour, il est toujours permanent à la FTQ (Fédération des Travailleurs du Québec).

Avec mes collègues de travail, j'avais l'habitude de fréquenter le *Back Alley Bar*, haut lieu des discussions syndicales et politiques de Rouyn. C'est là que je fis la connaissance de Bobby Gourd, le propriétaire de CKRN. À force d'en parler, nous finîmes par nous mettre d'accord sur une émission de radio que j'animerais pendant quinze minutes chaque jour. Cela s'appellerait *La Femme dans le monde*. Je parlerais de tout ce qui pouvait intéresser les femmes. Je fus enchantée et je pris l'antenne le cœur battant. J'étais confiante de pouvoir aussi gagner ma vie en parlant. Peu de temps après mon entrée à CKRN, je retrouvai avec plaisir mon ami Guy Messier, venu aussi faire un peu de radio dans la région.

Bobby Gourd disait qu'il payait très bien ses employés : «Je leur donne vingt dollars par semaine, ils s'enflent la tête pour un autre vingt, ce qui fait quarante dollars. Un salaire énorme.» Il n'avait pas tort. C'est vrai que nous nous enflions la tête. Nous étions conscients déjà du pouvoir des communications et de la notoriété qui y était rattachée. Mais c'était aussi une école. Nous apprenions à tout faire, absolument tout. Aussi bien faire démarrer les disques quand le seul et unique technicien s'absentait sans prévenir, que mettre les messages publicitaires à l'antenne à temps quand nous nous retrouvions seuls en ondes. Nous effectuions notre recherche, écrivions nos textes de présentation, faisions des reportages à l'extérieur de temps en temps. C'était l'école du «tu te débrouilles ou tu meurs».

Chez les Steelworkers, on voyait d'un assez bon œil ma présence à la radio, qui ne pouvait que servir leur cause, le moment venu. On avait engagé Michel Chartrand pour aider à préparer la grève. Il fallait quelqu'un de solide, car on savait déjà qu'il serait difficile d'obtenir un vote de grève. Les mineurs avaient encore en mémoire la demivictoire de la récente grève, les misères qu'ils avaient vécues à geler tout rond sur les lignes de piquetage en plein hiver. Les femmes surtout n'avaient pas oublié la difficulté de nourrir une famille avec les allocations de grève, ni les dettes qui s'étaient accumulées et qu'il avait fallu régler après le conflit.

Michel Chartrand s'était amené un beau matin, avec son rire bien sonore et son franc-parler. Il était difficile de ne pas succomber tout de suite à ce charme fou, caché sous des abords bourrus et volontairement provocateurs. Il s'était créé un personnage dont il ne se départirait jamais.

Le genre plaisait aux mineurs, qui se mirent à fréquenter assidûment les assemblées et à se taper sur les cuisses en entendant les descriptions colorées que Chartrand faisait des patrons de la Noranda Mines. Quelque temps après son arrivée, Simone, sa femme, vint lui rendre visite. C'était une belle grande femme, aussi polie qu'il pouvait être mal embouché, aussi émouvante que lui dans la tendresse qu'ils se portaient mutuellement. Ils habitèrent chez nous pendant le séjour de Simone. Je pus ainsi parler à celle-ci durant des heures de mon féminisme naissant, que j'affichais déjà à la radio, de ma découverte du syndicalisme, qui m'apparaissait être une solution efficace qui avait tant manqué aux travailleurs de Saint-Henri, et de ma surprise de découvrir que la politique était un choix qu'on appliquait dans la vie quotidienne et non seulement au moment des élections.

J'avais fait du chemin et j'étais heureuse d'en parler avec quelqu'un qui m'écoutait. Simone essaya bien de me convaincre qu'on pouvait à la fois être tout cela et catholique, croyante du moins. Là, elle se heurta à l'enseignement de ma Marie-Louise. Je n'avais pas changé d'opinion. Je ferais ma vie sans Dieu, comme ma grand-mère.

J'adhérai au CCF (Cooperative Commonwealth Federation). Les Steelworkers supportaient ouvertement ce parti de tendance socialiste. Tommy Douglas, alors chef du CCF de la Saskatchewan et Premier ministre de cette province, nous rendit visite. Puis nous apprîmes avec joie que Thérèse Casgrain, alors chef du CCF au Québec, allait être candidate dans le comté. Nous allions lui organiser une campagne comme elle n'en avait jamais vu, pensions-nous. Mais je découvris rapidement après son arrivée que Thérèse avait déjà tout vu et qu'il n'y avait plus grand-chose pour la surprendre. Comme j'étais son accompagnatrice, je la suivais partout comme un chien de poche. Son horaire était chargé. Elle faisait parfois une bonne dizaine d'interventions publiques par jour. Elle était absolument étonnante.

Je la cueillais le matin à l'hôtel. Elle était toujours d'un chic fou, avec un chapeau et des gants. Maquillée avec grâce, elle commençait par me demander, en tournant sur elle-même : «De quoi ai-je l'air?» Elle était toujours parfaite : couleurs bien assorties, talons hauts, coiffure impeccable. Rien ne venait gâter la belle ligne de ses cheveux déjà blancs.

Je me souviens d'un jour où notre premier arrêt était à la sortie de la mine Noranda. Il fallait parler aux mineurs au changement de quart, par petits groupes, et les convaincre de venir à la grande assemblée qui aurait lieu dans quelques jours à la salle du syndicat. Ce matin-là, on nous avait envoyé un camion dans lequel Thérèse monta pour haranguer la foule. Je la revois encore, avec son chapeau et ses gants blancs, parlant aux ouvriers sortant du travail, leurs yeux déjà éblouis par la lumière du jour. Ils étaient visiblement fatigués, mais, par politesse, ils accordaient un peu de leur temps à Mme Casgrain, comme si elle avait été la reine d'Angleterre.

Elle leur parlait des méchants capitalistes qui voulaient la mort des ouvriers, qui s'emplissaient les poches au détriment des travailleurs, lesquels payaient de leur santé l'enrichissement des autres. Elle était très convaincante et les mineurs l'applaudissaient à tout rompre.

Quand la rencontre fut terminée, quelqu'un prit Thérèse par la taille et l'aida à sauter en bas du camion. Elle le faisait toujours avec élégance.

Puis une voiture nous emportait vers un autre rendez-vous. Un jour, dans la voiture, elle se pencha vers moi en disant : «J'espère qu'ils n'apprendront jamais que je possède des actions de la Noranda Mines, héritage de mon mari…» Pendant quelques secondes, je ne sus pas s'il fallait rire ou pleurer, mais comment pouvais-je en vouloir à cette femme si charmante et si courageuse?

Un soir, on annonça un grand défilé du Parti libéral dans les rues de Rouyn. Avec Thérèse, de son local d'élections, je vis défiler Georges-Émile Lapalme, du Parti libéral, assis les pieds sur le siège arrière d'une décapotable, aux côtés de Réal Caouette et de Gilberte Côté Mercier, du Crédit social, une scène que je n'ai jamais pu oublier. J'y pensai plus tard chaque fois que mon ami Robert Burns disait : *«Politics, sometimes, make strange bedfellows.»*

Thérèse ne fut pas élue. Elle en avait presque l'habitude. Elle repartit comme elle était venue, seule. Elle se proposait bien d'être candidate à la prochaine élection, quoi qu'il arrive. Elle ne savait pas encore qu'elle ne serait jamais élue.

Le vote de grève approchait. On appela Pierre Elliott Trudeau en renfort, et on organisa un «parle-o-ton» de vingt-quatre heures dans un cinéma voisin du local du syndicat. Trudeau y parla à quelques reprises. Je le rencontrais pour la première fois. Il insista pour que je le tutoie, ce qui n'était pas naturel pour moi.

Il ne m'impressionna pas beaucoup dans ses interventions. Il était trop «intellectuel» pour bien passer auprès des mineurs, mais il fut applaudi à tout rompre quand même, parce qu'à Rouyn il jouissait d'une réputation enviable. Puis vint le tour des chefs américains des

Steelworkers. Ils insistèrent beaucoup sur le fait que le vote devait absolument être majoritaire pour que la grève ait lieu. Quand enfin les travailleurs eurent voté, le résultat ne donna qu'une faible majorité à la grève. Au-dessus de 50 % par quelques points, mais au-dessous de 60 %. Pas assez, selon les dirigeants, pour tenir longtemps si c'était nécessaire. À mon grand étonnement, moi qui croyais que la majorité c'était 50 % plus un, la grève n'eut pas lieu.

On finit par admettre que c'était probablement là la seule décision raisonnable, car la grève, cette fois-là, n'aurait pas eu l'appui des marchands de Rouyn et de Noranda, deux villes dont le soutien était absolument nécessaire pour mener à terme des négociations avec un employeur bien préparé comme l'était Noranda Mines, négociations qui s'annonçaient extrêmement difficiles et longues.

Une grève eut lieu cependant à Murdochville. Le projet de grève qui avait été annulé à la Noranda avait été conçu parallèlement à celui de Murdochville, dans le but de fermer les deux mines en même temps et de placer ainsi Noranda Mines dans un embarras beaucoup plus grand. Le résultat du vote de Rouyn et l'interprétation qu'on en fit eurent pour conséquence que Murdochville se retrouva seule au front. Nous envoyâmes du renfort. La plupart des permanents partirent pour Murdochville, et Michel Chartrand reprit la route de Montréal. Je vécus les événements dramatiques de Murdochville avec la lunette de Noranda. C'était horrible et je ne peux traduire le sentiment de culpabilité qui étreignait les mineurs chaque fois que quelqu'un racontait ce qui se passait là-bas. À Murdochville, la lutte, selon la volonté de Duplessis, était devenue l'horreur.

André, pendant la campagne préparatoire à la grève, devant le refus des journaux locaux de donner la parole aux mineurs, avait réussi à convaincre les Steelworkers de Rouyn d'endosser la création d'un journal franchement syndical qu'il allait diriger et qui s'appellerait *Voix libre*. Les responsables locaux n'arrivaient pas à convaincre l'establishment américain d'avancer une somme d'argent suffisante. André mit donc son journal au monde sans l'appui complet des Steelworkers, pour devoir le fermer neuf semaines plus tard, les revenus de la vente de publicité ne suffisant pas à payer les frais du journal. Il avait démissionné de *La Frontière* pour lancer son journal et il se retrouvait maintenant devant rien. Il proposa donc que nous retournions à Montréal sans autre forme de procès.

La décision était plus difficile pour moi, qui allais quitter des emplois que j'aimais vraiment. J'abandonnais aussi une petite bonne qui avait été extraordinaire avec mes enfants. Et puis j'étais enceinte une autre fois. J'avais bien l'intention de garder ce bébé, sans faire appel à ma tante Claire ni à qui que ce soit. Avant notre mariage, nous avions parlé de six enfants possibles. J'avais réduit le nombre à trois après la naissance des deux premiers. Ce serait le troisième. André partit pour Montréal en me laissant le soin de fermer la maison de Noranda et de préparer le déménagement, après avoir démissionné convenablement de mon poste au syndicat et de mon émission de radio.

Le dernier soir, alors que j'avais préparé les enfants au retour en avion, je reçus un dernier appel téléphonique. Une personne refusant de s'identifier me demanda avec combien de milliers de dollars nous quittions la région, s'imaginant peut-être que le journal avait été un coup d'argent. Je me mis à pleurer car nous repartions avec seulement ce que nous avions à l'arrivée, plus quelques meubles achetés sur place. Mais forts d'une expérience combien enrichissante. Cela ne servait à rien d'en discuter. Je raccrochai.

Le lendemain, je pris l'avion le cœur gros. Je craignais d'être aussi malade enceinte que les autres fois. Je venais tout juste de reprendre possession de mon corps, de retrouver un poids qui me convenait mieux, et je ne pouvais croire que tout allait recommencer. Daniel avait près de cinq ans, Dominique trois ans et demi. Ma mère fut contente de nous retrouver à Montréal.

18

Montréal, ma ville

Peu de temps après notre retour à Montréal, nous assistâmes à l'assemblée de fondation d'un mouvement qui s'appelait le Rassemblement et qui était dirigé par ceux-là mêmes qui menaient depuis déjà un bon moment la lutte contre Duplessis. J'y retrouvai Gérard Pelletier, sa femme Alec, Pierre Elliott Trudeau et tout ce que le Montréal des années 50 comptait d'opposants au régime.

Ma troisième grossesse ne fut pas tellement différente des autres. Je fus peut-être un tantinet moins malade, mais pas beaucoup. Il me fallut passer les quatre premiers mois au lit avant de me sentir revivre encore une fois.

La naissance était prévue pour le 15 juin 1958. À la Saint-Jean, le bébé n'était toujours pas arrivé. J'avais promis aux enfants de les emmener rue Sherbrooke, comme le faisait ma Marie-Louise, pour voir le défilé. Nous y sommes allés. Au beau milieu du défilé, j'ai ressenti quelques contractions qui m'ont fait craindre le pire, mais, comme je ne voulais pas priver les enfants du plaisir de découvrir le petit garçon blond tout frisotté, je ne dis rien à personne. Le défilé terminé, nous sommes rentrés à la maison.

Quelques heures plus tard, j'étais à l'hôpital de Verdun. Le moment était venu de découvrir si mon troisième enfant serait une fille ou un garçon. On me garda quelques heures à l'hôpital, puis on me renvoya à la maison. Fausse alerte. Le 30 juin, je pouvais à peine me déplacer, avec cet enfant qui ne voulait pas naître. Il faisait une chaleur terrible. Je me rendis quand même au salon de coiffure pour me faire couper les cheveux. À un moment donné, je demandai au coiffeur de faire aussi vite que possible. En sortant, je pris seule un taxi pour l'hôpital. À mon arrivée, j'eus droit à la course dans le corridor comme on en fait dans les émissions comme *E.R.*, jusqu'à la salle d'accouchement. Il était presque dix-huit heures. Sylvie est née aussitôt. André n'avait pas eu le temps d'arriver. J'avais une deuxième fille.

Quelques jours plus tard, en rentrant à la maison, rue Legendre, je trouvai Daniel et Dominique en train de jouer sur le trottoir devant la maison. Quand je leur fis voir leur petite sœur, ils jetèrent un regard étonné sur cette petite chose que je tenais dans mes bras, avec l'air de dire : «C'est seulement ça!» Elle était admise dans la famille.

J'étais résolue à ce que Sylvie soit mon dernier enfant. Les trois que j'avais, je les avais voulus. Mais je tirais un trait après la troisième. J'avais bien l'intention d'envoyer M. Ogino dans l'armoire aux balais.

André était encore à la recherche d'un travail permanent. En attendant, il avait accepté un poste d'emballeur au journal de la JEC. Il savait que des postes s'ouvraient à Radio-Canada. Hubert Aquin lui avait promis qu'il était le prochain sur sa liste. Nous avions placé tous nos espoirs en lui. André disait qu'il serait heureux aux affaires publiques de Radio-Canada et qu'enfin nous pourrions respirer un peu. Daniel allait bientôt avoir l'âge d'aller à l'école, et j'avais envie de retrouver mes amis et ma famille, de vivre à Montréal que je connaissais bien mal, somme toute.

Nous trouvions à notre tour les trottoirs de Montréal peu joyeux pour les enfants. Si bien que, dès qu'André fut assuré d'un emploi à Radio-Canada, nous nous mîmes à la recherche d'une grande maison en banlieue. Nous trouvâmes l'objet de nos rêves à Saint-Hilaire. Nous y avons emménagé en septembre 1958, juste à temps pour que Daniel entre à l'école du village. Tout allait bien enfin. Dans le calme de Saint-Hilaire, nous fîmes la connaissance de Gilles Carle et de sa femme, qui étaient nos voisins. Leurs enfants et les nôtres devinrent vite copains. Je pouvais difficilement envisager de chercher du travail à Montréal, car cela m'aurait éloignée des enfants pendant de longues journées. Je commençai donc à écrire. D'abord n'importe quoi, puis un texte dramatique que je destinais à Radio-Canada. J'écrivais avec Dominique grimpée sur mes épaules et Sylvie sur mes genoux. Le projet fut refusé.

Notre retour à Montréal nous avait permis de retrouver Louis-Georges Carrier, réalisateur à la télévision, ainsi que Guy Godin et Marcel Dubé, déjà connu comme auteur de théâtre. Comment leur dire que je voulais écrire ?

Je découvrais, après tout le monde, la télévision, qui tenait tant de place dans les salons et dans les conversations. Jusque-là, nous en avions été privés. La télévision n'avait pas encore fait son apparition en Abitibi. *La Famille Plouffe* devint vite notre émission favorite, et j'eus infiniment de plaisir à découvrir Michèle Tisseyre, René Lévesque, Judith Jasmin, Jacques Languirand et Jean Ducharme, pour ne nommer que ceux-là. Ce fut la grande époque des fabuleux télétéâtres et des grands opéras, époque que nous ne devions jamais retrouver. J'avais l'impression d'être sortie du tunnel, de vivre enfin une vie normale, sept ans après mon mariage. André et moi étions encore amoureux, heureux d'être ensemble, et l'avenir s'annonçait prometteur.

Raymonde avait aussi deux enfants, deux fils, que maman allait garder chaque jour pour gagner sa vie. Elle leur apprenait à parler français, car ils ne parlaient que l'anglais avec leurs parents. Ma mère, qui avait déménagé à Verdun pour se rapprocher de Raymonde, trouvait Saint-Hilaire encore bien trop loin. Terry, le mari de Raymonde, travaillait dans un bureau d'import-export. Raymonde occupait toujours un poste de secrétaire de direction à plein temps. Leur vie était plus aisée que la nôtre et ils emmenaient maman sur les plages américaines pendant les vacances.

À mon grand étonnement, mon père commença à me rendre visite chaque semaine à Saint-Hilaire. Il arrivait sans prévenir, garait sa voiture devant la maison et prenait les enfants dans ses bras dès qu'il les voyait. Parfois nous prenions un repas ensemble, repas que je préparais rapidement, de peur qu'il ne change d'idée. Les enfants l'aimaient beaucoup. Il leur apportait quelques friandises, une balle ou un ballon, et il était comme le père Noël. Nous avions un chien qui lui obéissait mieux qu'à moi, même s'il ne le voyait qu'une fois par semaine. Nos conversations n'allaient jamais très loin, comme si tous les sujets avaient été dangereux entre nous. Nous parlions de la pluie et du beau temps, de l'automne radieux que nous avions, des succès de Daniel à l'école ou du problème que cela allait poser d'habiter Saint-Hilaire quand viendrait le temps des études plus avancées. Je lui répondais que nous avions bien le temps d'y penser.

J'avais retrouvé le hockey à la télévision, au grand désespoir d'André, qui avait horreur de ce sport. Les feuilles tombaient déjà, les arbres se dépouillaient. Sur le plan politique, on sentait un désir formidable de sortir de l'ère de Maurice Duplessis. Des forces vives se manifestaient. La fondation du Rassemblement avait fait surgir des voix nouvelles. On osait affronter le pouvoir. Le Parti libéral semblait animé d'un souffle neuf. On prédisait que les prochaines élections seraient d'une extrême importance. Duplessis, qui avait battu Adélard Godbout aux élections de juin 1936 mais avait perdu le pouvoir en 1939, contrôlait le Québec depuis sa réélection en 1944. Il avait donc été au pouvoir pendant la plus grande partie de ma vie dans ce Québec baigné de conservatisme, de tiédeur, de misère sociale, de religion frileuse, de développement timoré.

J'avais pu voir Duplessis de près à Rouyn, lors de l'une de ses visites officielles. J'avais trouvé répugnants les propos qu'il avait tenus sur les gens ordinaires du Québec, parlant d'eux comme s'ils étaient des arriérés mentaux. Il se prétendait leur seul et unique guide, le phare dans la tempête. Je savais déjà que je n'étais pas dans le mouvement de cette majorité qui reportait Duplessis au pouvoir à chaque élection, lui permettant ainsi de fermer l'horizon à ceux qui voulaient un Québec plus ouvert.

Je m'identifiais déjà comme faisant partie de la gauche : j'étais progressiste, profondément syndicaliste, et féministe de surcroît. Je m'étonnais peu que les femmes ne soient pas plus présentes dans le discours de gauche, comme si, là aussi, elles n'existaient pas vraiment sauf pour coller les enveloppes quand on avait besoin d'elles.

Je n'avais encore voté qu'une seule fois, et mon premier vote était allé au CCF, en Abitibi. Je me sentais équipée pour le changement sous toutes ses formes, mais je ne m'attendais absolument pas à celui qui allait survenir.

Un soir de novembre, André rentra en m'annonçant que Radio-Canada venait de lui offrir un poste à Paris. Il fallait qu'il parte presque immédiatement. Avant d'accepter, il avait voulu que nous en discutions. Je faillis perdre connaissance. Pour la première fois en sept ans, j'avais finalement vidé toutes les boîtes des multiples déménagements. Je terminais la fabrication des rideaux du salon, j'adorais la maison où nous étions, et les enfants étaient heureux. En quelques minutes, je réalisai pourtant qu'une occasion comme celle-là ne se représenterait probablement jamais, qu'il fallait saisir la chance inouïe qui nous était offerte. Nous avions rêvé de visiter la France et mes enfants étaient assez jeunes pour s'acclimater n'importe où. J'ai dit oui. André était fou de joie, car il avait plutôt craint que je ne refuse de partir aussi loin après avoir passé toutes ces années déjà loin des miens, à visiter le Québec. Nous n'étions à Saint-Hilaire que depuis trois mois.

Une vie normale ne semblait pas m'être destinée. Au cours des années, j'avais appris que, chaque fois qu'André changeait d'emploi, il améliorait son sort, mais que moi, je me retrouvais au bas de l'échelle. Sans avoir eu le temps de bien comprendre les conditions de vie proposées par Radio-Canada à Paris, j'appris qu'André partirait le premier, au début de décembre, que je fermerais la maison de Saint-Hilaire, que j'habiterais chez ses parents ou chez ma mère pour le temps des fêtes, et que je partirais pour Paris au début de janvier 1959. Ma mère pleura toutes les larmes qui lui restaient à pleurer à l'annonce de la nouvelle.

Mon père se contenta de dire que j'avais raison de suivre mon mari. Peut-être entrevit-il la possibilité de voyager à son tour, ce qu'il n'avait jamais pu faire. La maladie toutefois devait le priver de ce bonheur.

Paris était à quatorze heures d'avion. Je voyageais seule avec trois enfants âgés de six mois, cinq ans et six ans. Radio-Canada avait accepté de déménager certaines choses que j'estimais essentielles : mon réfrigérateur, ma machine à laver et la boîte de décorations de Noël.

19

Le gai Paris!

Je suis arrivée à Paris par un matin gris et humide de janvier 1959. Il pleuvait à boire debout. Dominique avait été malade durant tout le voyage en avion. Nous étions tous très fatigués. Les enfants portaient les mêmes vêtements qu'au départ de Dorval, des costumes de neige qui les transformaient en petits Inuits. En mettant le pied à l'aéroport du Bourget, je n'avais qu'une seule idée en tête : prendre le premier avion à destination de Montréal. Car j'étais bien décidée à rentrer à la maison. Je mesurais tout à coup l'ampleur de l'entreprise. Sylvie refusait d'aller dans d'autres bras que les miens, Dominique était livide, et Daniel, complètement égaré. Je réalisai seulement alors la situation dans laquelle je nous avais mis.

Puis je vis André, debout derrière la barrière, un bouquet de violettes à la main, tellement heureux de retrouver femme et enfants. J'effaçai vite de mon esprit le désir de repartir et je le suivis dans une voiture étrange comme j'en avais vu seulement dans les films policiers français. Une voiture qu'il avait empruntée au directeur de la maison canadienne des étudiants à Paris, Charles Lussier, le temps de venir nous chercher. Il s'était fait accompagner par Benoît Lafleur, dont je fis la connaissance à ce moment-là. Benoît était le patron du bureau de Paris de Radio-Canada. En montant dans la voiture, j'avais peur. L'aéroport m'apparaissait vieux et minable. C'était janvier, le temps était détestable et les nuages traînaient dans les rues. Les enfants avaient trop chaud même après avoir enlevé les cache-nez et les mitaines. Les costumes de neige qu'ils portaient étaient ridicules.

Il me semblait qu'André avait changé depuis le moment où il avait quitté Montréal. Il avait déjà un accent plus pointu, et il parlait d'une façon que je ne reconnaissais pas. C'est ainsi que, angoissée au point d'étouffer, je fis mon entrée dans une ville dont les arbres, des platanes pour la plupart, avaient été mutilés. J'ignorais que, chaque hiver, on leur coupait les branches pour ne laisser voir que des moignons enduits de peinture noire. C'était lugubre. On aurait juré qu'un bombardement avait eu lieu récemment. Je serrai mon bébé dans mes bras, sachant que je ne pouvais plus revenir en arrière. J'avais promis de vivre ici trois ans. Il fallait tenir le coup, maintenant.

Ce que je vis par les fenêtres de la voiture finit de me décourager. La Nord-Américaine que j'étais trouvait les maisons délabrées et les rues plutôt sales. Je m'étonnais qu'on vendît des fruits et des légumes au bord des trottoirs en plein hiver. Les passants que j'examinais à chaque feu rouge avaient cet air maussade des jours de pluie à Paris. La circulation était tout simplement affolante. On conduisait n'importe comment et tellement plus vite qu'à Montréal. Les petites voitures des Parisiens m'apparaissaient plus comme des jouets de mauvaise qualité que comme de véritables véhicules. Lorsque j'aperçus mon premier clochard, couché sur une bouche de métro, je n'en crus pas mes yeux. La France, ce pays dont j'avais tant rêvé, ne serait que ça ? Il me semblait que la pauvreté était partout.

André nous conduisit directement à l'hôtel où nous allions habiter, tous dans une seule chambre. La générosité de Radio-Canada avait ses limites, surtout qu'une grève douloureuse était en cours à Montréal. Les réalisateurs avaient débrayé juste au moment de mon départ de Montréal et le bureau de Paris s'en trouvait affecté. Mais le plus urgent, pour nous, c'était de trouver du lait pour Sylvie. Les enfants pleuraient, ils avaient faim. Il y avait un restaurant juste à côté de l'hôtel. Comme il fallait se mettre quelque chose d'un peu plus léger sur le dos, j'ai sorti des imperméables des valises. Je n'avais pas dormi de la nuit. À bord de l'avion, on nous avait loué des couchettes semblables à celles qu'il y a dans les trains. Quelle découverte ce fut pour moi ! N'empêche que je n'avais pas dormi, entre les pleurs de Sylvie, qui avait visiblement mal aux oreilles, et les vomissements de Dominique, qui avait le mal de l'air.

Marc Thibault avait dit à André que la digne société radio-canadienne préférait envoyer à l'étranger des hommes mariés avec leur famille plutôt que de jeunes célibataires qu'ils risquaient de perdre dans la nature. L'idée n'était pas mauvaise. Mais je me demandai pourquoi alors ils n'avaient pas engagé quelqu'un qui aurait pu nous accueillir, nous aider à nous débrouiller, nous dire où trouver le lait pour bébés et la nourriture en petits pots, qu'on ne trouvait nulle part, et le Pablum, que personne ne connaissait.

Au restaurant, Daniel et Dominique réclamaient des hot-dogs sous le regard méprisant du serveur, qui prétendait ne pas comprendre un mot de ce que nous disions. Il semblait trouver les enfants particulièrement mal élevés. Je finis par convaincre ceux-ci de manger du poulet et des frites, mais ce ne fut pas facile. Le lait était inexistant au restaurant. Celui qu'on trouvait sur le marché était un lait traité dont ni Sylvie ni les deux autres ne voulaient.

André profita d'une accalmie pendant le repas pour me raconter qu'il n'avait pu trouver un appartement à Paris avec l'argent alloué par Radio-Canada. Les loyers étaient extrêmement élevés et les appartements très rares. André avait trouvé quelque chose à Meudon-Bellevue, en banlieue de Paris. Il nous y conduisit tout de suite après le repas, afin que je puisse voir les lieux. Nous ne pouvions nous y installer avant quelques jours.

Meudon-Bellevue était alors une banlieue moins développée que maintenant. On y accédait par les quais Citroen en voiture, ou à partir de la gare Montparnasse en train. Il fallait un peu moins d'une heure pour s'y rendre. Près de Chaville, au-delà du bois de Boulogne, une fois la banlieue ouest contournée, on arrivait à Petit-Clamart, Kremlin-Bicêtre et, plus loin, Meudon.

La voiture s'immobilisa devant une très haute maison à trois étages. De drôles de balcons en bois lui donnaient l'air d'une ancienne maison sortie d'un conte de fées. Il y avait de gros volets de bois aux fenêtres, et la bâtisse était solide, quoique négligée et sans véritable élégance. Cela avait pu être, à une autre époque, une maison bourgeoise d'un seul tenant abritant une famille riche voulant profiter de la campagne. Il avait dû y avoir un grand jardin dont il ne restait qu'un minuscule lopin qui ne laissait rien paraître de sa splendeur ancienne. Notre appartement était au rez-de-chaussée du 15, rue des Capucins. André m'expliqua que deux chambres se trouvaient à la droite du hall

d'entrée commun aux autres locataires des étages supérieurs. Le matin, une fois notre toilette terminée du côté
des chambres, nous devions traverser le couloir pour nous
rendre dans le reste de notre appartement, comprenant deux
vastes salons en enfilade, une salle à manger majestueuse
et une petite cuisine avec le confort minimum, mais
fraîchement repeinte et propre. Je regardais André, refusant
de comprendre. Nous avions un appartement partagé en
deux par le hall d'entrée où tout le monde circulait… Je
dus me pincer pour y croire. Je ne savais vraiment pas
comment nous allions pouvoir nous habituer à nous
enfermer à clé dans les chambres au moment de dormir,
pour ne sortir de là que le lendemain matin afin d'aller
dans la salle à manger et la cuisine de notre autre demi-
appartement. Les enfants couraient déjà dans les salons
immenses. Ils avaient enfin le droit de bouger depuis le
départ de Montréal. Je les vis si heureux que je me dis que
je pourrais m'y habituer, moi aussi. Le petit bout de jardin
serait utile pour eux et, de ce petit jardin, par beau temps,
je voyais Paris et la tour Eiffel en contrebas.

Le réfrigérateur arriva, puis la machine à laver, et nous
avons pu emménager chez nous, trop heureux de quitter
l'hôtel. Je savais qu'il faudrait inscrire Daniel à l'école,
mais je me dis que cela pourrait attendre un peu et j'entrepris de vivre à Meudon.

André n'était pratiquement jamais à la maison. Il
devait voyager par le train jusqu'à Paris, et la gare de
Meudon était à une demi-heure de marche de la maison.
Il rentrait tard. Le travail à faire au bureau était immense,
et il devait parfois tenir compagnie à Benoît Lafleur, qui,
lui, célibataire, disait s'ennuyer pour mourir à Paris. Je
m'installai de mon mieux et je tendis une corde d'un bord

à l'autre du petit jardin pour pouvoir étendre des vêtements à sécher. Les enfants n'allaient pas bien. Dominique avait un abcès au cou. Je m'inquiétais de la voir cernée et amaigrie. Daniel était calme comme un enfant malade, et Sylvie ne gardait pas le lait qu'elle buvait.

Mme Troubnikoff fut la première personne à sonner à notre porte. Elle le fit un matin où je venais d'étendre une pleine cordée de vêtements. C'était une belle et grosse femme rieuse, qui s'adressa d'abord à moi dans son meilleur anglais. «*Maybe you are American, madame?*» Je lui répondis aussitôt en français que je venais du Québec, que je parlais le français, et qu'au Québec aussi, comme chez nos voisins américains, nous étendions les vêtements sur une corde à l'extérieur de la maison. Les Français les faisaient plutôt sécher sur un séchoir placé au-dessus de la baignoire ou suspendu aux fenêtres. Je la fis entrer et lui expliquai que j'étais inquiète pour les enfants. L'adaptation se faisait mal. Elle examina le cou de Dominique et me proposa de m'envoyer son médecin de famille, le docteur Février. J'acceptai, car je n'aurais pas su qui appeler autrement.

J'avais déjà trouvé une petite bonne espagnole qui m'avait été envoyée par Gloria Lasso, la chanteuse vedette de l'époque. Elle habitait à deux rues. Elle m'avait vue au village avec trois enfants et m'avait envoyé une petite jeune femme du nom de Pita, qu'elle avait en trop chez elle. Pita ne parlait que l'espagnol. Nous communiquions par signes et une sorte de langage comme celui des Amérindiens des films américains. J'inventais mon espagnol.

Le docteur Février vint dans l'après-midi. André était en Allemagne pour y représenter Radio-Canada, et son voyage devait durer encore plusieurs jours car il devait visiter plusieurs pays. Le médecin examina les trois enfants, puis, perplexe, me donna quelques ordonnances pour soigner la toux et arrêter les poussées de fièvre qui revenaient sans cesse. Puis il resta un bon moment silencieux, comme s'il ne savait pas trop quoi me dire. Il me confirma qu'il allait revenir le lendemain matin pour ouvrir l'abcès de Dominique et que je devrais me rendre de toute urgence à un laboratoire d'analyse.

Le lendemain matin, nous immobilisâmes Dominique avec un drap qui retenait ses bras, et le médecin l'opéra sans aucune anesthésie. Elle hurla et, avant même que j'aie pu commencer à la consoler, il me remit les prélèvements, m'enjoignant de me mettre en route immédiatement. Je laissai les enfants à Pita et je me rendis à la gare. Je venais de rater le train et il n'y en aurait pas d'autre avant une heure. Je fis du pouce et un bon monsieur s'arrêta devant mon air désespéré. Je lui expliquai l'urgence de ma mission et il offrit de me conduire directement au laboratoire.

J'étais de retour à la maison en début d'après-midi. Le médecin m'avait dit qu'il reviendrait le lendemain matin m'apporter les résultats. Je passai une mauvaise nuit. Dominique aussi, qui me regardait avec des yeux accusateurs, disant que je n'aurais pas dû laisser le médecin faire ce qu'il avait fait. Tôt le lendemain matin, le docteur Février sonna à la porte. Il était pâle et il m'invita à m'asseoir avant de me parler. Il m'apprit que Dominique avait la leucémie, et que les deux autres enfants l'avaient probablement aussi. Il me dit qu'il allait faire le nécessaire, soit contacter un hôpital et nous remettre entre les mains d'un spécialiste, mais qu'il n'y avait pas de doute dans le cas de Dominique. Les autres enfants offraient les mêmes symptômes. Puis il repartit.

Je ne devais pas pleurer devant les enfants, mais je m'emparai du téléphone et composai immédiatement un numéro spécial qui me permettait de joindre André d'urgence. Il me rappela peu de temps après et je lui fis part du diagnostic du docteur Février. Il me dit qu'il rentrait immédiatement.

Mme Troubnikoff était aussi découragée que moi. Le docteur Février téléphona pour dire qu'il fallait agir rapidement, pour le bien des enfants. J'attendais leur père.

André rentré, nous avons discuté de la situation calmement. Le diagnostic nous paraissait incroyable. Trois enfants de la même famille atteints de la leucémie immédiatement après leur arrivée dans un pays inconnu. Ils étaient tous en parfaite santé avant notre départ de Montréal. Il nous semblait, à nous, qu'ils souffraient peut-être beaucoup du changement de climat et de nourriture, et de l'absence de lait. Nous fîmes part de nos réflexions à Mme Troubnikoff. Elle nous dit qu'elle-même, dans les circonstances, avant d'envoyer les enfants à l'hôpital, les emmènerait plutôt à la montagne pour leur redonner des forces. Mais où? Nous ne connaissions personne, nous savions que l'hôtel constituait une torture supplémentaire pour les petits, et, surtout, nous n'avions pas beaucoup d'argent. Elle nous dit qu'elle entrerait en contact avec la princesse Cantacuzène, une amie à elle, qui habitait Glion-sur-Montreux, en Suisse. Elle pourrait peut-être nous recevoir pour un prix raisonnable.

Quelques jours plus tard, nous partions tous les cinq en train pour Glion-sur-Montreux. La princesse Cantacuzène était une véritable princesse russe qui avait fui son pays au moment de la révolution. Quelques jours après leur arrivée chez elle, les enfants avaient commencé à retrouver leurs couleurs. Dominique guérissait rapidement, et les trois buvaient des litres de lait suisse avec ravissement.

Aujourd'hui, je dirais que mes enfants ont souffert d'une «maladie de l'étranger» ou autre saleté que deux semaines de neige et de soleil, de lait et de fruits ont guérie sans difficulté. Nous revînmes à Paris avec des enfants en forme et j'interdis l'entrée de la maison au docteur Février pour toujours.

Nous devions nous lier davantage aux Troubnikoff par la suite. Lui était pope orthodoxe, et elle faisait aussi du ministère, comme le font les épouses des popes. Le pope doit être marié, et sa femme est ordonnée en même temps que lui. Ils avaient quatre enfants, deux dans la vingtaine et deux à peine plus âgés que Daniel et Dominique. Il fut proposé par les Troubnikoff que nous inscrivions Daniel à l'école russe orthodoxe de Meudon, à laquelle il pourrait se rendre avec leur fils Paul. Je réalise mieux aujourd'hui ce que nous demandions comme efforts à ces enfants-là. Daniel et Dominique allaient apprendre des danses russes. Je ne pus m'empêcher de rire quand Sylvie prononça ses premiers mots. Elle parlait l'espagnol au lieu du français.

J'habitais Meudon. J'étais femme au foyer à plein temps. Je n'avais pratiquement pas revu Paris depuis mon arrivée. Mes sorties consistaient à faire les courses à pied à Meudon. J'avais l'habitude de partir avec Sylvie dans sa poussette et les deux autres enfants par la main, chaque jour, pour aller acheter le pain et le lait frais et approvisionner une maisonnée de six personnes. Il fallait une demi-heure pour descendre la côte jusqu'au village et parfois un peu plus pour la remonter jusqu'à la maison. Le malheur, c'était de découvrir, en arrivant à la maison, que j'avais oublié le savon à lessive ou autre chose, et qu'une autre visite au village s'imposait.

Dans les premiers jours après notre arrivée, je m'étais risquée dans une boucherie. Le contact avec les commerçants était difficile. Vous n'avez jamais le mot juste, avec les Français. Ils vous reprennent sans cesse et je trouvais cela humiliant. Ce jour-là, je commandai un rosbif que j'allais préparer à ma façon et sur lequel je comptais pour nous faire du bien à tous. Le boucher me regarda avec un air volontairement stupide et me demanda : «Pour combien de personnes, le rosbif?» Je le fixai droit dans les yeux et lui répondis : «Ça ne vous regarde pas. J'achète ce que je veux, j'en fais ce que je veux.» Il ne devait plus jamais me poser la question.

Une autre fois, je demandai de la cassonade à l'épicerie. On me répondit avec un mépris total : «Ça n'existe pas, la cassonade, madame. Nous avions ça pendant la guerre…» Comme je ne disais rien, on finit par enchaîner : «Mais nous avons du sucre roux, vous savez. C'est pratiquement la même chose.» Le ton avait baissé. J'appris doucement qu'il fallait tenir tête aux Français si on ne voulait pas se faire marcher dessus. J'allais appliquer cette leçon pendant tout mon séjour chez eux.

Dominique allait entrer à l'école russe, elle aussi. Daniel et Paul Troubnikoff étaient devenus inséparables. À part quelques sorties à Paris, que je pouvais compter sur les doigts d'une main, je ne connaissais toujours que Meudon.

Je n'avais, pour ainsi dire, plus de mari. André donnait sa vie à son travail. J'avais fait la connaissance de Dostaler O'Leary, qui était le correspondant du réseau français de Radio-Canada, et de Judith Jasmin, de passage à Paris. Autrement, mon monde se résumait à ma vie de veuve de banlieue.

Cécile annonça alors sa visite pour l'été suivant. Fallait-il qu'elle s'ennuie de ses petits-enfants pour entreprendre un tel voyage, elle qui n'était jamais allée plus loin que Boston et New York! Je craignis sa réaction. Je n'avais pas tort. Elle fut complètement découragée de voir comment j'étais installée. Pour lui changer les idées, je me mis à visiter Paris avec elle et je lui proposai d'aller à Rome. Nous fîmes le voyage en train. Nous louâmes une chambre dans un minuscule hôtel fréquenté par des prêtres canadiens. Nous avons bien dû marcher ensemble des centaines de kilomètres.

Elle repartit trois mois plus tard, heureuse et rassurée. Du moins, elle le disait.

En septembre 1959, alors que nous étions invités chez Dostaler O'Leary avec Jacques Normand qui était de passage à Paris, nous apprîmes la mort de Maurice Duplessis. Nous passâmes la soirée à conjecturer sur l'avenir du Québec. Je me dis que, le spectre de Duplessis disparaissant, le Québec allait enfin s'ouvrir au monde.

À Noël 1959, je sortis la boîte de décorations pour préparer l'arbre traditionnel. Seulement de trouver un sapin avait été une aventure rocambolesque. Mais nous y étions parvenus, et, pour le réveillon, j'avais réussi à préparer quelques tourtières et des beignes avec la recette de ma grand-mère. Nous avions invité les Troubnikoff à se joindre à nous. André annonça que Pierre Bourgault, le vieux complice de Trois-Rivières, serait là aussi. Cette nuit-là, Bourgault élabora devant les Troubnikoff et nous toute sa stratégie de rentrée politique avec les détails de son programme. C'était formidable. J'avais les larmes aux yeux en l'entendant parler de sortir le Québec des griffes de ceux qui ne rêvaient que de continuer ce que Duplessis avait fait.

Les Troubnikoff nous affirmèrent par la suite qu'ils avaient eu l'impression de rencontrer un futur personnage important de la politique québécoise. Ils n'avaient pas tort. Rentré au Québec, Bourgault devait fonder le RIN (Rassemblement pour l'Indépendance nationale).

Je commençais à trouver que j'étais loin de Paris. J'avais besoin de travailler afin d'arrondir les fins de mois. Mais où ? Et comment ? André proposa qu'on déménage, mais, au lieu d'aller vers Paris, nous ne fîmes que changer de maison à Meudon. Encore une fois, je fis des boîtes pour les défaire à quelques rues d'où nous étions déjà installés.

J'avais découvert que le Noël russe se célébrait environ deux semaines après le nôtre et que l'arbre décoré au rez-de-chaussée pouvait très bien servir une deuxième fois au troisième étage.

Nous prîmes part au Noël russe avec toutes ses traditions, pour notre plus grand bonheur et la plus grande joie des enfants.

Pour mon mariage, le 6 octobre 1951, pas question d'acheter ma robe au Syndicat Saint-Henri. J'achèterai le tissu pour la fabriquer moi-même. Une vraie mesure d'économie.

À dix-sept ans, c'est la rencontre fatidique. Trois ans plus tard, j'allais épouser André.

Je n'ai aucun souvenir du jour de mon mariage. De la livraison des fleurs, vers cinq heures du matin, au lendemain soir, ce fut l'amnésie totale.

À la naissance de mon premier enfant, j'ai vingt ans. Je m'étonne de ne pas avoir le droit de vote...

Je tiens un courrier du cœur à Trois-Rivières. CHLN diffuse chaque jour mes réponses à des problèmes incroyables, par la voix de Jacques Dufresne. J'ai vingt-quatre ans. Je découvre la misère humaine, le drame de la violence familiale et de l'inceste dans un Québec où tout est secret.

Nous nous envolons pour Paris pendant la grève des réalisateurs de Radio-Canada. André s'en va y mettre sur pied le bureau du réseau, mais je pars avec trois enfants de six ans, cinq ans et six mois. J'apporte mon réfrigérateur, un luxe là-bas, ma machine à laver et les décorations de l'arbre de Noël. Nous vivrons à Meudon-Bellevue deux ans.

Enfin arrivée à Paris. Daniel, Dominique et Sylvie, avenue de La Bourbonnais

J'élève des enfants français. Mon fils raconte à ses
copains qu'à Dorval, quand un avion se pose,
des « Indiens » viennent danser autour de l'appareil...

Cécile, ma mère, s'ennuie tellement de
ses petits-enfants qu'elle utilisera toutes ses
économies pour venir leur rendre visite.

Pendant ces années, je fais des
centaines d'entrevues. Je me nourris
de ce qu'on me raconte, tout en
cherchant mon propre chemin. Ici
avec Maurice Chevalier, dans sa
résidence de la banlieue parisienne.

C'est ma rencontre avec Martine
de Barcy qui fait tout démarrer.
Ensemble, nous faisons l'émission
Interdit aux hommes pendant des
années. J'entrevois enfin mon
indépendance personnelle.

Quand je voyage, je pense à mon père.
Comme ici, à Baalbek, au Liban. Il est
mort beaucoup trop jeune pour pouvoir
réaliser ses rêves. Je vis les miens.

20

J'en arrache, maman

Je pleure beaucoup. Je suis enceinte encore une fois d'un mari que je ne vois pratiquement plus. Au lieu de s'arranger, les choses ont empiré. André a commencé à boire. Je tiens Benoît Lafleur responsable de cette situation. Il retient trop souvent André à Paris, tard le soir, où il l'entraîne à boire pour tromper son propre ennui. Rapidement, la décision s'impose. Pas question de garder cet enfant dans les circonstances présentes. Je fais part à André de mon choix qu'il approuve sans réticence. Nous avions fait la connaissance de Pauline Julien, qui chantait à Paris, chez Moineau, et André pensait qu'elle connaissait peut-être quelqu'un pouvant me dépanner.

Pauline me fournit le nom d'un médecin de Genève, où les lois sur l'avortement étaient plus permissives qu'en France. J'irais donc à Genève. André devait m'accompagner car j'étais trop malade pour faire le voyage seule.

À la première rencontre, le docteur Shapira m'expliqua qu'il travaillait dans la légalité absolue et que je devrais comparaître devant un jury. Le moment venu, André a dû pratiquement me porter devant ces gens. Je vomissais partout. C'est donc sans hésitation que j'obtins l'autorisation souhaitée. Le docteur procéda rapidement à l'avortement sous anesthésie générale et je rentrai à l'hôtel. Il me demanda de ne pas voyager pendant quelques jours. Je restai donc à Genève et André reprit le train pour Paris.

À mon retour, je fus étonnée d'apprendre par les enfants qu'André avait été en voyage et n'était pratiquement pas venu à la maison durant mon absence. Quelle importance! Je retrouvais mes petits, j'étais en bon état, donc tout allait bien.

Je me sentais si seule. Je parlai encore à André de mon désir de me rapprocher de Paris, lui expliquant qu'il lui serait alors plus facile de vivre près de nous. Je n'en pouvais alors plus de voir Paris de ma fenêtre et de ne pouvoir m'y rendre pour en profiter. Je me sentais de plus en plus prisonnière.

Je ne mange plus. Je traîne. Je pleure tout le temps. André est en voyage à l'étranger pour plusieurs semaines. Il me semble tout à coup que, si je mourais, il serait tellement plus à l'aise pour remplir le poste qu'il occupe. Il n'aurait plus à penser à moi, je ne serais plus un frein à sa réussite. Je veux mourir. Je ne pense qu'à cela. Mais j'ai un terrible problème de conscience. Que vais-je faire de mes trois enfants que j'aime plus que tout au monde? Dois-je les laisser pour que quelqu'un d'autre puisse les élever? Ou ai-je le droit de les prendre avec moi pour pouvoir continuer de m'en occuper dans l'au-delà? Cette question me hante jour et nuit. Il n'y a de place pour rien d'autre.

Le jour où André rentra avec ses bagages, je lui dis de ne pas me poser de questions et de me conduire de toute urgence chez un médecin. Je racontai tout à ce dernier, qui renvoya André chercher ma valise à la maison et ne me permit même pas d'aller embrasser mes enfants. Il me fit conduire à l'hôpital, où il me mit en cure de sommeil pour quatorze jours.

Quel voyage j'allais faire! Mon corps dormait mais mon esprit était d'une lucidité incroyable. En quatorze jours, je fis le tour de ma vie depuis ma naissance. Je compris que mon désir de mourir venait de ce que j'avais deviné qu'André ne m'aimait plus comme avant, et qu'il aimait probablement quelqu'un d'autre. Cela expliquait tout : ses retards, ses absences, ses mensonges. J'avais refusé de voir la vérité en face. Quand les quatorze jours furent terminés, le médecin me dit ceci : «Vous avez une sensibilité de voiture sport. Si vous savez la conduire, vous vivrez mieux et plus que d'autres personnes, mais si vous ne savez pas conduire, vous prendrez le champ à tout moment.» Cette leçon allait me servir pour le reste de mes jours. Je rentrai à la maison. Les enfants étaient si heureux de me voir et j'étais si heureuse de les retrouver bien en forme que je choisis de nouveau la vie avec tout ce qu'elle allait m'apporter, le bon comme le mauvais. J'étais prête à tout.

Je dis à André que je voulais vivre à Paris au moins quelque temps avant de rentrer à Montréal. J'avais vécu en banlieue pendant près de deux ans. Notre séjour en France devant normalement être de trois ans, je considérais que j'avais fait ma part.

Nous trouvâmes d'abord un appartement à Paris, puis allâmes passer l'été en Bretagne, où les prix de location étaient très raisonnables. J'affirmais que, une fois à Paris, je trouverais le moyen de travailler et que je participerais aux frais du loyer.

La Bretagne finit de nous remettre sur pied, les enfants et moi. Nous y fûmes magnifiquement heureux. André passa une semaine avec nous pendant laquelle nous avons pris la route pour quelques jours. Au retour à la maison, il reçut un télégramme de Benoît Lafleur lui demandant de rentrer à Paris, où la visite de quelques grands patrons nécessitait sa présence. Il partit en train. Je restai seule avec les enfants. Il ne revint nous chercher qu'à la fin de l'été.

Nous emménageâmes au 59 de l'avenue de La Bourdonnais en rentrant. J'inscrivis les enfants dans des écoles du quartier, même Sylvie qui n'avait que trois ans et qui fréquenterait la maternelle de la rue Camou. Je communiquai avec Michèle Lasnier, adjointe de la rédactrice en chef du magazine *Châtelaine*, Fernande Saint-Martin, et lui proposai des sujets de billets ou d'articles. Elle accepta de me mettre à l'essai. Mon premier article porta sur le système d'éducation français, qui prenait en charge les enfants dès qu'ils savaient faire pipi tout seuls. Nous étions enfin à Paris, près du Champ-de-Mars, dans le VIIe arrondissement, le quartier le plus chic de la ville. André disait que je ne pouvais pas être plus à Paris que là. J'étais ravie.

Notre vie commune ne changeait pas beaucoup. André était rarement à la maison, sauf quand nous recevions. Car, une fois à Paris, je fus vite chargée des réceptions officielles. Nous avions un appartement qui s'y prêtait et André avait assez de connaissances parmi les journalistes du Tout-Paris pour justifier cocktails et dîners chic. Cela m'amusait. J'avais développé un talent pour la cuisine française. Ces réceptions me mettaient en valeur. Cela me faisait du bien après la vie cloîtrée que j'avais connue à Meudon. J'eus l'impression de faire davantage partie du voyage que les deux années précédentes.

Châtelaine m'acheta une entrevue avec Georges Simenon et Denise Ouimet, sa femme. Je me rendis en Suisse, où ils habitaient, et je passai une journée complète chez eux. Simenon me faisait la cour dès que sa femme avait le dos tourné, ce qui me paraissait absolument déplacé. Son comportement avec moi n'était pourtant qu'un léger incident par rapport à ce que nous allions apprendre sur lui après sa mort. Le reportage, avec photos, plut à *Châtelaine*, et la porte me fut ouverte pour des collaborations futures. Je jubilais. Je contactai Paul-Marie Lapointe, qui dirigeait alors *Le Nouveau Journal*, et il accepta une collaboration régulière depuis Paris. J'étais lancée. Je travaillais sur une base régulière, et je tenais ma promesse de participer aux dépenses de l'avenue de La Bourdonnais.

Les enfants partirent dans un camp de vacances l'été suivant. Je restai à Paris pour pouvoir continuer mon travail. Les choses s'arrangeaient bien. Nous habitions un appartement meublé luxueusement, et André et moi étions heureux de faire partager aux enfants cette expérience qui allait leur permettre d'être à l'aise partout.

Soudain, cet été-là, sans que j'aie vu les choses venir, ma vie s'écroula de nouveau.

Un soir qu'il était rentré très tard, André voulut faire l'amour. Je refusai, lui disant que j'en avais assez d'être toujours la deuxième de la soirée. J'enchaînai en lui disant que je ne voulais pas baiser avec quelqu'un qui venait de sortir du vagin d'une autre et que, si rien ne changeait, j'allais le quitter. Il entra dans une telle colère qu'il se mit à me poursuivre dans l'appartement en me frappant avec ses poings. Les fenêtres étant grandes ouvertes, je savais que les voisins pouvaient nous entendre et j'espérais que quelqu'un vienne à mon secours. J'avais la conviction qu'il allait me tuer. Je me protégeai de mes bras du mieux que je pus. Quand il s'arrêta, je restai par terre à pleurer. Jamais je n'aurais imaginé que nous en arriverions là, nous deux. Jamais je n'aurais cru qu'il pouvait me frapper de toutes ses forces dans une colère noire, comme il venait de le faire. Mon visage était tuméfié. J'allais avoir un œil bleu pendant des jours. J'avais mal partout. Et j'étais étonnée de ne pas être morte.

Je fis comme toutes les femmes de cette époque-là à qui la chose était arrivée : je ne dis rien à personne. Je m'accusai moi-même d'être allée trop loin, d'avoir dit des choses que je ne pensais pas vraiment et qui l'avaient rendu fou. Je portai des lunettes de soleil durant quelques jours. J'avais inventé un accident avec une armoire pour expliquer mes bleus, mais mon histoire laissait les gens sceptiques. Je n'en reparlai jamais à personne.

Dehors, c'était la guerre d'Algérie. Il y avait des chars d'assaut sur le Champ-de-Mars, en plein cœur de Paris. Chaque nuit, des bombes explosaient. Avant les vacances, l'école des enfants avait été prise d'assaut par les CRS. On avait utilisé un local voisin pour entasser des suspects sans prévenir les parents et il y avait eu un appel à la bombe. On avait sorti les enfants d'urgence pour les conduire au Champ-de-Mars, où les parents avaient dû aller les réclamer. La nervosité était évidente et la peur tangible. Nous marchions dans la rue avec les enfants pour ne pas longer les voitures garées près du trottoir, de peur qu'elles n'explosent. Chaque fois que je sortais de chez moi, on me réclamait mes papiers comme si j'avais été une criminelle. Un soir, je vis le Premier ministre Michel Debré à la télévision, annonçant que les autorités craignaient le parachutage de troupes d'élite sur Paris, en provenance d'Alger. Il invita la population à se rendre «à pied, à cheval ou en voiture» à l'aéroport d'Orly pour les empêcher d'entrer dans Paris. Le climat était à la frayeur.

À la fin de l'été, les enfants rentrèrent à la maison, heureux de leurs vacances. Un soir, après qu'ils furent couchés, André reçut un appel téléphonique. Puis il vint me trouver et me dit : «Je n'ai pas le choix maintenant de t'en parler ou pas. J'ai une liaison depuis deux ans. C'est elle qui vient de téléphoner. Elle est en bas, au café. Si je ne t'en parle pas maintenant, elle menace de monter pour tout te raconter elle-même. Alors voilà, je le fais.» Je crois que je me mis à rire. Je n'en suis pas sûre. Mais je ne pleurai pas tout de suite. Je lui demandai : «Qu'est-ce qu'on fait?» Il me répondit qu'il voulait que je reste calme et qu'il souhaitait que nous descendions tous les deux au café pour discuter avec elle. Il s'empressa d'ajouter que c'était bel et bien fini avec cette femme et que sa décision était prise de la quitter.

Ce fut la seule fois de ma vie où je laissai mes trois enfants seuls à la maison. Je suivis André au café du coin. Mes yeux étaient secs. J'étais sous le choc. Je venais de tomber de haut. J'avais soupçonné qu'il pouvait avoir des maîtresses, mais une liaison de deux ans, cela ne m'était jamais venu à l'esprit.

Elle était là. Je devais apprendre par André qu'elle avait trente-six ans, alors que je n'en avais pas trente. Il avait ajouté : «C'est pour ça qu'elle s'accroche tant. Elle, c'est son dernier amour.» Il semblait donc convaincu qu'à son âge elle ne connaîtrait pas un autre amour. Cette seule phrase me rendit solidaire de cette femme que je ne connaissais pas. Je trouvai cette remarque méprisable. Au café, je la trouvai belle. Elle était grande et triste. André me fit asseoir avec eux, puis ils commencèrent à parler. Je n'ai aucune idée de quoi ils discutèrent. Je m'étais entièrement repliée sur moi-même, examinant le champ de bataille qu'était mon cœur, revivant des promesses faites et non tenues, nous revoyant jeunes et si amoureux. J'avais l'impression d'avoir respecté ma part de l'engagement, et je ne comprenais pas pourquoi André m'avait abandonnée. Je me répétais sans cesse intérieurement ces deux vers de Louis Aragon chantés par Léo Ferré :

> *Moi si j'y tenais mal mon rôle*
> *C'était de n'y comprendre rien[1]*

Puis elle s'adressa à moi, parlant du poids que je représentais pour lui, de mon incapacité à le suivre alors qu'elle, au contraire, était exactement la femme qu'il lui fallait. Elle proposa que je garde les enfants et que je lui laisse André, car elle en avait tellement besoin.

Je m'aperçus tout à coup du ridicule de la situation dans laquelle je me trouvais. Ce qu'ils avaient à discuter ne me concernait pas. J'étais étrangère à cette situation et je ne voulus plus y participer. Je m'excusai en disant que je ne pouvais pas laisser mes enfants seuls plus longtemps. Je désirais rentrer à la maison. Je sortis sans attendre leur acquiescement.

C'était donc elle! Les départs précipités pendant les vacances, les mensonges répétés pour expliquer des retards, les télégrammes signés Benoît Lafleur, c'était cette femme. Était-elle la seule ou y en avait-il eu d'autres avant ou même en même temps? Il me fallut du temps pour réaliser pleinement ce qui venait d'arriver. Je pleurai des

---

1. Louis Aragon et Léo Ferré, *Est-ce ainsi que les hommes vivent ?*

larmes venues du plus profond de moi-même. Ma douleur était immense. Puis, petit à petit, dans les heures qui ont suivi, mon esprit sembla s'éclaircir et je n'avais qu'une idée en tête, qu'un seul désir : faire mes valises et rentrer à Montréal avec mes enfants. Sans attendre qu'il revienne et qu'il tente de s'expliquer. Je ne voulais plus l'entendre. C'est alors que je me rendis compte de la véritable situation dans laquelle je me trouvais. Je n'avais rien. Pas d'argent pour acheter quatre billets d'avion, pas de métier qui, en rentrant à Montréal, m'aurait assuré une pleine indépendance. Je n'avais toujours travaillé que comme «dépanneuse», ne me souciant jamais de construire quelque chose pour moi-même. J'avais suivi cet homme partout en lui faisant confiance.

J'avais probablement touché la vérité du doigt pendant ma cure de sommeil, mais je m'étais empressée de l'enfouir dans mon subconscient, incapable de faire face. Je savais que je ne désirais plus rien de lui. Le lien était rompu. Je ne connaissais pas l'homme que je venais de laisser au café. Le mensonge qui avait duré si longtemps me paraissait impossible à pardonner. Il ne m'avait informée de la situation que quand il en avait eu assez de sa liaison. Il m'avait mise devant le fait accompli. Je me sentais méprisée, trahie et reniée au plus profond de moi-même. Je me révoltais contre mon impuissance à résoudre ma propre situation. Je m'en voulais d'avoir vécu dans l'ignorance, en refusant de m'ouvrir les yeux et en faisant comme si tout était normal. Ce n'était certainement pas sa première maîtresse et ce ne serait certainement pas sa dernière. Un autre voile avait été déchiré. J'avais déjà pardonné tant de choses qu'il me semblait que jamais rien ne renaîtrait des cendres qui me restaient entre les doigts.

Quand il rentra, tard dans la nuit, je ne pleurais plus et je ne m'accrochais qu'à une seule chose, ma survie. Jamais plus je ne me retrouverais dans une situation pareille. J'allais me procurer la sécurité dont j'avais besoin pour élever mes enfants dans la paix. Je ne compterais plus sur lui pour quoi que ce soit. Et jamais plus, de toute ma vie, je ne serais retenue quelque part contre ma volonté, faute d'avoir les moyens de partir.

C'est une femme nouvelle qui allait se relever. Déterminée, lucide, prête à prendre la vie à bras-le-corps, prête aussi à ramasser les morceaux d'une union à laquelle elle ne croyait plus mais n'avait pas les moyens de mettre fin sur-le-champ. Je savais déjà que je ne serais plus jamais la même. Je pensai à ma mère, l'éternelle délaissée, puis je suppliai ma Marie-Louise de me donner la force de me remettre debout.

Mon amour était mort, mais je n'étais pas pressée d'en faire les funérailles. Il me faudrait de la patience pour devenir la femme libre que je désirais être.

Pendant un an, la maîtresse délaissée téléphona chez nous chaque nuit. André répondait. Elle ne disait pas un mot mais laissait sa ligne ouverte, ce qui nous privait de l'usage du téléphone jusqu'à ce qu'elle ait décidé de raccrocher. Si nous raccrochions les premiers, elle rappelait plusieurs fois de suite. La sonnerie réveillait tout le monde. Je tentai de faire changer le numéro de téléphone, mais, même avec une raison aussi valable, je me fis répondre qu'il n'y avait pas d'autre numéro disponible. À cette époque-là, à Paris, le téléphone était un luxe et ses possibilités étaient très limitées. Un an plus tard, Camille Laurin, que je ne connaissais pas, m'appela pour me dire que c'était fini et que cette femme ne téléphonerait plus à la maison. Il était son psychiatre.

Beaucoup plus tard, quand nous étions ensemble dans le gouvernement Lévesque, je demandai un jour à Camille ce qu'elle était devenue. Il me dit qu'elle vivait en Italie, où elle avait adopté un enfant.

André avait cru bon de me faire lire les lettres qu'il avait reçues de cette femme. Il avait essayé de me convaincre que tout cela avait été une erreur et qu'il m'était très attaché. J'avais joué le jeu. C'était la seule attitude possible. Il rentrait plus tôt qu'auparavant, passait plus de temps avec nous. Je m'en voulus d'avoir accusé Benoît Lafleur de tous les maux de la terre alors qu'il n'était probablement responsable de rien. André buvait trop. Il était ivre de plus en plus souvent.

J'avais fait la connaissance de Martine de Barcy, une jeune femme belge vivant à Paris et travaillant de temps en temps pour Radio-Canada. Nous avions élaboré un projet de radio ensemble, projet qu'André refusait de transmettre à Montréal, disant que je n'avais aucune chance de réussir à le vendre, car les épouses des employés de Radio-Canada ne pouvaient pas travailler pour la Société. Nous prîmes la décision, Martine et moi, de faire une émission-pilote de *Interdit aux hommes* et de l'envoyer directement à Claude Sylvestre, alors directeur de la programmation à la radio de Montréal. Nous attendîmes sa réponse.

J'avais mis tous mes espoirs dans ce projet nouveau. Je trouvais l'amitié de Martine stimulante. J'avais envie de foncer et je savais que cela pouvait constituer le premier échelon vers ma libération.

Je pris soin de ne toujours agir que pour moi, et jamais contre André. Je ne cherchais aucunement une vengeance. Je voulais seulement devenir libre de dire que je restais à ses côtés par choix et non par obligation. J'allais rester sa compagne pendant encore près de huit ans, malgré bien d'autres trahisons et mensonges. Chaque fois, la satisfaction que je pouvais tirer du fait de me dire que j'étais libre de partir ou de rester me suffisait. Longtemps, je restai pour les enfants. D'ailleurs, ils réussissaient très bien à l'école. J'étais consciente qu'ils bénéficiaient là d'une éducation qui leur serait précieuse pour l'avenir. Ils étaient cependant devenus de vrais petits Français. Et moi aussi. Je parlais une langue sans fautes, mon vocabulaire s'était enrichi. Il n'y avait pratiquement plus rien de commun entre celle qui vivait à Paris à ce moment-là et celle qui avait quitté Montréal quelques années auparavant. Je prenais de l'assurance. Mes rencontres avec les plus grands noms de la littérature, du théâtre et du cinéma confirmaient ma capacité d'établir une relation chaleureuse avec les autres. Mon monde s'élargissait et j'étais en train de réussir seule. J'avais cessé d'être celle qui suivait, toujours dans l'ombre d'un futur grand homme. Dorénavant, j'allais voler de mes propres ailes.

J'appris que le mandat d'André serait renouvelé pour trois ans. J'allais avoir trente ans. J'étais vraiment devenue une adulte. Et j'aimais Paris.

Je fêtai mes trente ans en lisant Balzac. J'étais heureuse quand même de vivre à une époque où les femmes de trente ans n'étaient plus de vieilles femmes comme les décrivait le célèbre auteur. J'étais jeune et je voulais vivre. La vie me devait bien ça !

Quelques mois plus tard, j'étais de nouveau enceinte. Cette fois, je décidai de garder l'enfant, peut-être dans l'espoir de sauver mon ménage, qui ne tenait plus qu'à un fil. Je fis des efforts énormes pour ne pas être malade, pour mener une vie aussi normale que possible. Je mangeais des biscuits soda pour m'empêcher de vomir. André, lui, buvait de plus en plus, et, après quatre mois, je décidai que ni lui ni moi n'avions besoin de cette responsabilité supplémentaire.

Je mis fin à ma sixième grossesse avec l'aide du docteur Shapira, qui refusa de me laisser rentrer chez moi sans m'avoir donné le nécessaire pour que je n'aie plus besoin de ses services.

Pour la première fois, j'eus le sentiment d'avoir en main tous les instruments dont j'avais besoin pour contrôler ma vie.

Au Québec, la Révolution tranquille était en cours. Jean Lesage était au pouvoir et l'«équipe du tonnerre» promettait de sortir le Québec de la «grande noirceur».

En France, de Gaulle avait l'air de savoir ce qu'il voulait faire de l'Algérie.

Moi, je m'étais juré que jamais plus un homme ne me frapperait, et que mon corps n'appartenait qu'à moi.

TROISIÈME PARTIE

21

La découverte

Notre vie de couple avait repris presque normalement après la rupture d'André avec sa maîtresse. Il m'avait fallu un peu de temps pour envisager que lui et moi puissions reprendre les choses là où nous les avions laissées. Je m'étais fixé comme objectif de continuer à vivre avec lui aussi longtemps que mes enfants ne seraient pas en mesure de comprendre ce qui nous arrivait. Évidemment, cela pouvait durer encore longtemps si je n'arrivais pas à prendre entièrement la relève de leur père pour leur donner tout ce dont ils avaient besoin. Je ne voulais pas qu'ils soient des enfants pauvres en attente d'une pension alimentaire hypothétique. Je me doutais bien que si je vivais seule avec eux, avec les moyens dont je disposais, je les exposerais à la pauvreté et à des études écourtées. Je savais que je n'arriverais pas à l'indépendance financière en un an ou deux. Pas avec les revenus que je pouvais espérer. Et puis, quand j'avais le courage de me dire la vérité, je savais que je n'étais pas prête non plus à quitter cet homme que j'avais aimé. Je n'arrivais pas à imaginer ma vie sans lui, malgré toutes mes résolutions. J'avais le sentiment que je serais complètement perdue. Je ne pouvais pas envisager de passer le reste de ma vie seule, comme ma mère, sans amour ni compagnon. J'espérais encore pouvoir le changer et retrouver celui que j'avais connu quand nous étions jeunes et si amoureux. C'est un sentiment qu'il entretenait soigneusement entre ses aventures, en me répétant les serments d'amour qui m'avaient conquise au début et en me disant que notre amour était toujours vivant. Nous arrivions à vivre à peu près normalement et nous nous désirions encore assez pour que mes soupçons s'endorment doucement.

Le projet d'émission que Martine de Barcy et moi avions fait parvenir à Claude Sylvestre fut accepté. Alors que nous avions proposé une émission hebdomadaire, on nous commandait une émission quotidienne pour l'été.

Interdit aux hommes allait me permettre de perfectionner un métier, de rencontrer des personnalités françaises connues, de les interviewer, mais aussi de gagner de l'argent et d'avoir un compte en banque à mon nom. J'avais l'impression d'avancer enfin. Lentement mais sûrement. J'étais convaincue que l'indépendance d'une femme commençait «dans le porte-monnaie». J'avais bien retenu la leçon de Simone de Beauvoir.

Ce travail allait m'apporter en plus une chose que je n'avais absolument pas imaginée. Ces entrevues allaient me nourrir sur le plan culturel longtemps après leur diffusion. J'allais absorber comme une éponge les témoignages de chacune des personnes rencontrées. J'emmagasinais des expériences incroyables en posant des questions et en écoutant les réponses. Je comparais sans cesse ce qu'on me racontait à ce que je vivais moi-même. J'écoutais avec attention les confidences qu'on me faisait et qui n'auraient jamais été possibles sans la présence d'un micro. J'osais poser des questions que je n'aurais jamais posées même si j'avais fréquenté régulièrement mes invités pendant vingt ans. Justement parce que le temps de la rencontre est limité, il est des choses qu'on ne raconte que devant un micro, comme si sa présence créait une sorte d'urgence de tout dire. Comme si le micro offrait la possibilité de vider de son jardin les secrets qu'on ne livrerait pas autrement.

Martine et moi avions demandé à Micheline Carron, un petit bout de femme d'une intelligence remarquable, de se joindre à nous pour la production de cette série. Mimi était sans complaisance à notre égard. Elle écoutait inlassablement les enregistrements que nous rapportions de nos visites à travers Paris, la bobine de ruban sur la machine de montage et l'autre bout du ruban filant directement dans la poubelle. Il fallait qu'une réponse soit exceptionnelle pour retenir son attention. Son exigence, jamais satisfaite, fut ma meilleure école. Je rencontrai ainsi tout ce que la France comptait de grandes vedettes dans le domaine des arts et des lettres, et même de la science.

Nous courrions, Martine et moi, d'un rendez-vous à l'autre. Notre horaire était toujours chargé. Une entrevue d'une heure avec une supervedette pouvait produire deux ou trois minutes pour Mimi au montage. Il fallait en faire, des entrevues, pour meubler une heure d'émission.

J'interviewai ainsi, en l'espace de quelques semaines, François Mauriac, Catherine Deneuve, Robert Hossein, Tino Rossi, et Salvador Dali, qui m'avait donné rendez-vous en plein drugstore des Champs-Élysées et à qui je demandai, après qu'il eut parlé de son œuvre, comment il maintenait cette moustache qu'il portait. Il m'a répondu : «Avec du jus de datte.» Je rencontrai aussi Alain Delon, ce personnage étrange; Gilbert Bécaud, dans un appartement du VIIe arrondissement où il répétait son prochain spectacle, assise avec lui sur un lit pendant qu'il se reposait de la répétition; Arletty; Madeleine Renaud et Jean-Louis Barrault, dans leur théâtre; Maurice Chevalier, dans son immense maison à la campagne, où le souvenir de sa mère était omniprésent; Charles Trenet, avec qui je m'entendis si bien que je finis par passer la journée chez lui, sur les bords de la Marne, avec ses amis. Puis il y eut Hervé Bazin, qui était si attaché au Québec; Madeleine Robinson, dans son appartement derrière l'Académie française; Jouhandeau et son Élise au milieu d'un parc à Bougival, dans une maison qui leur servait de théâtre permanent et où ils mettaient en scène avec virulence leurs interminables querelles de ménage. Je rencontrai aussi Mireille Darc, Jean Marais, Maurice Druon; Louis Aragon et Elsa Triolet, qui étaient si beaux à voir ensemble et qui m'attendaient en se tenant par la taille en haut d'un long escalier qui menait à leur appartement donnant sur une jolie cour intérieure, dans le VIIe arrondissement; Jean Dessailly et sa femme, Simone Valère; Romain Gary, Jean-Paul Belmondo, Maria Casarès; Serge Gainsbourg, à qui le succès n'avait pas encore souri; Michèle Morgan, aux yeux si fascinants; Melina Mercouri, avec qui je devais me lier d'amitié; Marcel Achard, Françoise Sagan, et combien d'autres.

Ces rencontres étaient de tous ordres. Parfois on s'en tenait exclusivement à une entrevue classique, mais d'autres fois, sans qu'on sache pourquoi, une affinité particulière se révélait qui m'amenait à passer des heures avec une personne. Ce fut le cas, par exemple, de Jean Rostand, chez qui je passai une journée entière alors que j'avais obtenu une entrevue d'une heure.

Dès les premiers moments de la rencontre, je sus qu'il se passait quelque chose de spécial. Le courant avait passé entre nous tout de suite. Après seulement quelques minutes, il m'avoua qu'il aimait mon rire, que mes yeux lui redonnaient le goût de la jeunesse. Et moi, en quelques instants, je m'étais déjà attachée à ce beau vieillard si curieux et si passionné. Il me proposa une visite à ses grenouilles dans son jardin de Ville-d'Avray et m'entretint longtemps de certaines craintes qu'il avait devant les découvertes qui s'annonçaient en génétique. Il craignait que la connaissance, au lieu d'être mise au service de l'être humain, ne soit détournée de son objectif et tombe entre les mains de fous assoiffés de pouvoir, par exemple. Il disait : « Imaginez qu'en allant plus loin dans nos recherches nous en arrivions à pouvoir reproduire un homme à des centaines de milliers d'exemplaires absolument semblables, tous grands, blonds aux yeux bleus, programmés à l'avance pour obéir, et qu'on fasse une armée de ces hommes… J'ai peur rien que d'y penser… Que cette armée tombe entre les mains d'un Hitler, par exemple… Et, vous savez, nous ne sommes pas si loin de pouvoir le faire. »

C'était en 1961, il y a tout juste trente-six ans. Et je pense à lui chaque fois que je lis ou que j'entends une nouvelle concernant les progrès de la recherche dans ce domaine. Rostand aurait frémi en apprenant l'existence de la brebis Dolly, ou encore des deux singes créés aussi par clonage aux États-Unis.

Il aurait sans doute craint qu'avec Dolly et les singes, frère et sœur, la science ne s'emballe, qu'elle n'aille plus vite que les comités qui se réunissent pour essayer d'établir enfin une réglementation. L'éthique dans ce domaine évolue si lentement qu'il aurait craint d'avoir bientôt en face de lui un clone humain bien vivant, dont on ne saurait trop que faire. Le sujet de discussion deviendrait alors sans doute le suivant : faut-il le laisser vivre ou doit-on le détruire?

Rostand demandait : qui pourrait-on cloner? Les grands cerveaux du siècle ou les athlètes qui seront chargés de gagner tous les quatre ans les médailles d'or tant convoitées des Jeux olympiques? Faut-il cloner les grands génies de ce monde, ou cloner les esclaves pour bien s'assurer qu'on n'en manquera jamais? Jean Rostand était bien en avance sur son époque. S'il avait crié plus fort, l'aurions-nous davantage écouté?

Ce grand homme qu'était Jean Rostand discutait avec moi comme si j'avais été son élève. Je l'aimais d'amour. Il me servit le thé dans son salon, me parla de son père Edmond, le célèbre poète et auteur dramatique, au sujet duquel il voulait avoir le temps d'écrire un autre livre avant de mourir. «Cet Edmond à qui je ressemble quand même un peu, tout au fond», disait-il.

En cette fin d'après-midi où la lumière de l'automne venait couvrir d'or tout ce qu'il y avait dans ce salon, il me demanda, à brûle-pourpoint :

«Et vous, êtes-vous croyante?

— Non, lui répondis-je sans la moindre hésitation.

— Comme je vous envie! dit-il. Il n'y a pas si longtemps, j'aurais pu répondre la même chose. Et vous savez que je suis bien placé pour savoir qu'il n'y a rien après la mort. Toutes mes grenouilles me l'ont dit… Mais avec l'âge qui avance, la vieillesse qui se fait plus présente, je me pose des questions. Je suis moins sûr. Et si Dieu existait… ? Ça m'ennuie beaucoup, parce que ça m'enlève une sérénité que j'aimais bien. »

Je ne sus jamais s'il avait fait la paix avec cette question avant de mourir. J'aime penser qu'il était mon ami.

Je racontais volontiers mes coups de foudre. Martine me racontait les siens. Nous avions l'impression d'avoir trouvé une mine d'or. J'en profitai pendant cette période pour voir tous les spectacles auxquels je pouvais assister : Judy Garland, fragile et splendide, à l'Olympia ; Marlene Dietrich, diaphane et ensorceleuse, au Théâtre des Champs-Élysées ; Yves Montand et son spectacle réglé comme une montre suisse ; Georges Brassens, l'ours si sympathique ; Jacques Brel, qui me donnait envie de le prendre dans mes bras tellement il avait l'air d'un écorché vif. J'ai vu Jean Villard sur scène, Georges Wilson, Philippe Noiret et tellement d'autres. J'ai pleuré Gérard Philipe à sa mort, comme s'il avait été mon propre frère. J'ai vu aussi le dernier spectacle d'Édith Piaf avec Théo Sarapo, son protégé, ce jeune mari qui la tenait dans ses bras pour qu'elle puisse encore tenir debout et chanter :

Non, rien de rien,
Non, je ne regrette rien[1].

Martine m'inquiétait parfois. C'était une femme de tête qui savait ce qu'elle voulait dans la vie. Intelligente, jolie, ambitieuse et sûre d'elle, elle tenait parfois un discours qui me faisait peur. Elle fréquentait beaucoup le milieu des couturiers et se réservait toutes les entrevues à faire dans ce domaine. Elle s'intéressait à la mode et se

_____

1. Charles Dumont et Michel Vaucaire, *Non, je ne regrette rien.*

voulait toujours élégante. Elle faisait souvent des commentaires politiques pour le service des Affaires publiques de Radio-Canada, commentaires qui étaient très appréciés et qui prouvaient bien son immense talent. Elle était à l'aise autant dans les choses très sérieuses que dans les frivolités de la mode. Elle connaissait les sœurs Carita, qui régnaient sur les salons de beauté de l'époque, et, sans doute influencée par le message que distillait ce milieu, elle me déclara, un jour, tout de go, qu'elle n'accepterait jamais de vieillir, que c'était impensable pour elle. Elle affirmait même qu'après quarante ans une femme n'avait plus rien à faire ici-bas. J'essayai de lui expliquer qu'elle serait tout aussi belle avec des cheveux blancs. Elle me regarda avec des yeux si tristes que j'eus peur pour elle.

Cet été-là, le premier où j'allais travailler régulièrement, André partit en vacances en Suisse et en Italie avec les trois enfants. Je leur envoyais l'argent du voyage de semaine en semaine.

J'aimais Paris l'été. Une fois les Parisiens partis, les touristes s'emparaient des terrasses. J'avais des amies, dont une que j'aimais beaucoup, Jacqueline M., de quelques années ma cadette. Elle était ma confidente, ma conseillère, ma sœur. Elle était amoureuse d'un homme marié qui promettait de quitter sa femme mais ne le faisait jamais. Elle en était à son deuxième avortement. Nous nous soutenions l'une l'autre et nous savions nous moquer de nos rêves romantiques. Elle était d'origine française, mais parlait bien l'anglais et rêvait de l'Amérique. Nous partions parfois dans sa voiture et voyagions toute la nuit pour aller voir le lever du soleil en Normandie. Je vivais mes premières folies, un vent de liberté était en train de me changer. Je découvrais un côté caché de moi-même qui me débarrassait de la femme «raisonnable» que j'avais été depuis mon mariage. Je faisais un travail que j'adorais et je me sentais vraiment renaître.

André, durant son voyage de retour, s'était arrêté quelque part en France pour retrouver une amie du bureau de Paris et un couple que je ne connaissais pas. Lui était le fils d'un écrivain célèbre. Sa femme, sans qu'il le sache, était devenue la maîtresse de mon mari. Il avait suffi qu'André me montre les photos à son retour de voyage pour que je comprenne qu'il avait une aventure avec l'épouse en question. Il ne le démentit pas.

Notre inquiétude essentielle, à Martine et à moi, était que notre émission ne dure qu'un seul été. Mais, à notre grand étonnement, on nous commanda une émission hebdomadaire pour l'année suivante.

André parlait encore de déménager. Je ne comprenais pas pourquoi. Il trouvait l'appartement que nous habitions trop cher et il pensait que nous pouvions vivre dans un logement plus petit. Daniel allait partir en pension au collège de Juilly et, avec les deux filles seulement à la maison, il était vrai que nous pouvions vivre dans moins grand. André trouva donc un appartement beaucoup moins luxueux mais bien situé, au 41, quai des Grands-Augustins, à deux pas du boulevard Saint-Michel, au quatrième étage d'un édifice sans ascenseur, un appartement avec quatre fenêtres donnant sur la Seine. Le bail fut vite signé et les boîtes repartirent en direction des quais de la Seine…

J'étais sûre qu'André avait toujours des aventures, mais nous n'en parlions plus. C'était le calme entre nous. Il buvait toujours démesurément, mais j'avais cessé de lui demander d'arrêter. Il s'était lié d'amitié avec un journaliste français, Pierre Jeancard, qui était au courant de tout ce que nous avions vécu comme couple. Pierre, je crois, avait de l'affection pour moi. À ma grande surprise, il vint me trouver à la maison, un jour, pour me dire ceci : «Si tu envisages de divorcer, j'ai une proposition à te faire. Je connais les enfants et je les aime. Si tu veux, tu divorces et je t'épouse. André ne changera jamais. Je suis en mesure de faire éduquer les enfants, de veiller sur toi. Je ne demande rien d'autre.»

J'ai refusé. Je lui ai dit que c'était impensable pour moi. Que si je divorçais un jour, ce ne serait pas pour quelqu'un d'autre mais pour moi-même et que j'attendrais d'être financièrement indépendante pour le faire. Il fut le premier à dire que j'étais trop féministe, en riant. Il n'en reparla jamais.

Nous continuâmes à le voir régulièrement. Il était un véritable ami. Nous fûmes souvent invités à sa maison de campagne de Meillonnas, là où s'était installé aussi l'écrivain Roger Vaillant, devenu un voisin. J'aimais la maison de notre ami. C'était un ancien prieuré qu'il avait réaménagé avec un goût très sûr. Nous avons fait la connaissance de son père et de sa mère, Jo, une drôle de femme qui ne touchait jamais à rien dans la maison. Elle vivait dans sa chambre dont les fenêtres donnaient sur un jardin et on ne l'appelait que pour l'inviter à passer à table. Elle était toujours très chic et descendait l'escalier avec son sac à main sur le bras, comme si elle s'en allait manger au restaurant. Plus tard, après la mort du père, Pierre devait découvrir que Jo, plutôt que de demander de l'argent à son fils, avait entrepris de vendre en douce les livres précieux de la bibliothèque familiale afin de s'acheter des chapeaux.

André et moi reçûmes une invitation pour une réception à l'Élysée. Le Gouvernement du Québec allait ouvrir une délégation à Paris. Je ne pus m'empêcher de penser que ma Marie-Louise aurait été impressionnée de savoir que j'avais été invitée par le président de la République, Charles de Gaulle, à une soirée mémorable où un dîner fastueux serait servi en grande pompe aux représentants du Québec. Y seraient présents Jean Lesage, René Lévesque, Yves Michaud et tout ce que Paris comptait de Québécois. Le Québec sortait de l'ombre. Ce n'était pas trop tôt.

Le Québec intriguait beaucoup les Français, ces sympathiques ignorants de l'histoire et de la géographie nord-américaines, et mes pauvres enfants durent expliquer souvent pourquoi nous parlions français et pourquoi nous n'appartenions plus à la France. À un bon boulanger qui pleurait un jour la perte de l'Algérie, je confirmai que la France avait perdu le Canada aussi en 1763. «Ne me dites pas que nous avons aussi perdu ça…!», s'exclama-t-il. Il était complètement désespéré.

La soirée à l'Élysée fut mémorable, et je suis convaincue qu'elle est restée dans les annales du protocole français comme «une soirée inoubliable». Les officiels québécois étaient en smoking loué quelques heures auparavant. Le pantalon trop court ou les manches trop longues, ils avaient tous l'air de provinciaux en goguette. René Lévesque, au cours de la soirée, perdit les boutons de sa chemise, ces petits boutons imitant une pierre précieuse et qu'on glisse dans les boutonnières. Pour ne pas montrer sa poitrine, il devait tenir sa chemise avec l'une de ses mains dans une pose à la Napoléon.

Le général de Gaulle s'était montré généreux côté vin et le ton avait monté beaucoup. C'était la première fois que je voyais le général d'aussi près et j'étais fascinée par ce personnage qui dépassait toute l'assemblée d'une bonne tête. Je réussis à me glisser dans un petit groupe composé de Dostaler O'Leary, Yves Michaud et quelques autres, qui entourait André Malraux. On y parlait de la réception plutôt froide que Malraux avait reçue à Montréal lors de son passage à l'université McGill, assez longtemps auparavant. Il n'avait pas oublié les articles du *Devoir* à son sujet. Il raconta le mot du général qui avait déclaré qu'au Québec il n'y avait que des pétainistes. Michaud jouait déjà les ambassadeurs, expliquant que ce n'était plus le cas, que le Québec avait bien évolué depuis. Malraux écoutait avec attention, même si son visage secoué de tics donnait l'impression qu'il aurait voulu être à des kilomètres de là. Mon André avait trop bu. Il n'était pas le seul. Je demandai à rentrer à la maison.

L'hiver suivant, comme chaque hiver, l'urgence pour les enfants de se retrouver dans la neige se fit sentir. Quand ils devenaient jaunes ou gris, il fallait faire des réservations pour un séjour dans une station d'hiver à prix raisonnable plutôt que de payer des médecins. C'était décembre et toutes les places dans les stations à prix abordable étaient déjà retenues. Notre ami M. Drysdale, agent de voyages, nous suggéra alors d'aller en Roumanie, un pays qui s'ouvrait pour la première fois au tourisme étranger. L'idée nous parut intéressante. Ce voyage nous permettrait de vivre une expérience politique fascinante en même temps que de voir l'hiver à son plus beau.

En arrivant en Roumanie, nous avons d'abord été retenus pendant trois heures à la douane et à la police de l'aéroport. Les enfants étaient tous inscrits dans mon passeport, comme c'était alors la coutume au Canada. En Roumanie, on prétendait qu'il fallait un passeport pour chacun des enfants. On finit par nous laisser entrer au pays, mais en nous signifiant que nous devions nous procurer des passeports pour les enfants avant notre sortie. Nous savions qu'il n'y avait pas de représentants du Canada en Roumanie. Nous dépendions du consul de la Grande-Bretagne. Comme je me sentais loin de ma mère! Nous avons demandé à être reçus par le consul, ce qui prit une autre bonne heure. Il était en colère devant les ennuis qu'on nous faisait et il nous dit que ce ne seraient certainement pas les autorités roumaines qui obligeraient la Grande-Bretagne à changer ses méthodes de travail. Il nous conseilla de faire faire des photos des enfants pour les présenter à la police en sortant, et de lui téléphoner de l'aéroport si les Roumains n'étaient pas satisfaits. Je ne fus pas rassurée du tout.

Je savais que le départ aurait lieu vers sept heures du matin deux semaines plus tard et je n'étais pas du tout convaincue que nous arriverions à joindre le consul à cette heure-là. Mais l'entretien était terminé. Le consul était déjà parti. Je n'avais aucune confiance que cela allait fonctionner.

Nous nous rendîmes enfin à l'hôtel qui nous avait été assigné à Bucarest, puis passâmes à la salle à manger. Nous ne pouvions lire un mot des menus, les enfants n'aimaient pas ce qu'on leur servait, tout se compliquait.

Nous avions perdu ces vingt-quatre heures à Bucarest. J'en gardai le souvenir d'une ville triste où tout le monde marchait rapidement sans lever la tête. Nous étions accompagnés d'une représentante de l'agence de tourisme roumain qui ne nous lâchait pas d'une semelle. Elle nous mit à bord du train tôt le lendemain matin, en nous recommandant bien de ne parler à personne et de ne pas descendre avant notre arrivée à la gare de Poiana Brasov.

À bord du train, nous avions des coupons pour un petit déjeuner et tout alla bien jusqu'au moment où un jeune militaire demanda la permission d'occuper la sixième place de notre compartiment. Sylvie avait trois ans et un caractère liant. Elle n'avait sans doute pas retenu les recommandations de notre brave gardienne. En quelques minutes, elle grimpa sur les genoux du militaire en essayant d'engager la conversation. Rien n'y fit. Mais il rit beaucoup. Le voyage commença à ressembler à n'importe quel autre voyage ailleurs dans le monde. Le moment du repas arrivé, nous nous rendîmes au wagon-restaurant. Comme il était déjà rempli, nous dûmes nous séparer. André s'en alla à l'autre bout du wagon avec Daniel, tandis que je prenais place avec Dominique à mes côtés et Sylvie sur mes genoux. Nos voisins de table étaient déjà servis. Sylvie pleurait à tue-tête pour faire comprendre au voisin d'en face qu'elle avait soif et qu'elle voulait le verre d'eau qu'il avait devant lui. Ce monsieur finit par lui tendre son verre. Elle but une grande gorgée qu'elle recracha aussitôt au visage du bon voisin. C'était de l'eau pétillante et elle en avait horreur. Je ne savais plus s'il fallait rire. Je présentai mes excuses, mais visiblement personne autour de nous ne comprenait le français. J'entendis André qui, dans son coin, essayait de commander des œufs et du jambon pour toute la famille. Il le fit d'abord en français, puis en anglais, puis en latin. On nous avait dit que le latin était assez proche du roumain. On semblait le comprendre enfin. Mais on nous apporta du pain, du fromage et du saucisson. J'entendis André qui s'énervait et qui engueulait le serveur : «Je vous ai demandé des œufs, calice! Pas du saucisson!» Il faut dire à sa décharge qu'il était excédé par les tracasseries bureaucratiques dont nous nous sentions victimes depuis notre arrivée.

Une fois à Poiana Brasov, nous avons trouvé que l'hôtel était plutôt bien. Il se trouvait au cœur des Carpates et on commençait à y développer les sports d'hiver. Nous avons examiné les chambres comme on nous avait recommandé de le faire avant notre départ de Paris. Il y avait sous notre lit des fils électriques qui ne semblaient raccordés à rien. Cela nous a bien fait rire. Il y avait du monde dans la salle à manger, des gens très discrets qui ne répondaient même pas à nos salutations. Et, de temps en temps, des hommes vêtus de manteaux de cuir traversaient la salle comme s'ils avaient été chez eux, mais sans saluer personne. Ils n'enlevaient même pas leurs chapeaux. À la table voisine de la nôtre, il y avait un couple dans la quarantaine et une petite fille d'une dizaine d'années. C'est par les enfants que nous avons fini par leur parler. Cet homme et cette femme étaient professeurs à l'université et parlaient parfaitement le français, langue seconde en Roumanie avant le communisme. Lui était spécialisé en géographie, elle était médecin. Ils finirent par nous raconter que leur fille, parce qu'elle était l'enfant de deux professeurs, n'aurait jamais droit à des études supérieures.

Nous les avons invités à notre table le soir du nouvel an et nous avons passé avec eux une excellente soirée. Avant de nous quitter, il fallait nous mettre d'accord sur les sujets que nous avions discutés – cinéma, vie parisienne, musique – car ils avaient la certitude qu'ils seraient interrogés et nous avaient prévenus que nous pourrions l'être aussi. S'ils le furent, ils n'en reparlèrent pas, et, de notre côté, nous n'avons pas été ennuyés.

Les enfants, eux, avaient fait la connaissance de l'équipe olympique de ski de la Roumanie, qui s'entraînait sur les lieux. Ils s'empressaient de nous rapporter toutes les questions qu'on leur posait à notre sujet. Comment des parents si jeunes avec trois enfants pouvaient-ils se payer un tel voyage ? Pour qui travaillions-nous à Paris ? Comment vivions-nous ?

Le maître d'hôtel, qui parlait français, nous expliqua dès le premier jour que le menu de l'hôtel était assez simple. Toute la viande de qualité produite en Roumanie était alors envoyée en URSS. Nous mangions souvent la même chose, c'est vrai, et à chaque repas il amusait les enfants en leur demandant s'ils voulaient du dessert. «Aujourd'hui, annonçait-il, nous avons du gâteau au chocolat, du gâteau au chocolat… et du gâteau au chocolat.» Et ce fut comme cela chaque jour, à chaque repas, pendant tout notre séjour. On ne pouvait pas être malheureux tant qu'il y avait du gâteau au chocolat.

Bien que j'eusse trouvé un photographe pour faire des photos des enfants, je restais inquiète au sujet de notre départ. Le moment venu, nous avons refait le chemin vers Bucarest en train. Nous avons remangé du pain, du fromage et du saucisson ! Le lendemain matin, nous nous sommes présentés à l'aéroport vers cinq heures trente, longtemps avant l'heure prévue pour le départ. Il neigeait. Tout était blanc. En arrivant, nous apprîmes que tous les vols étaient retardés à cause de la tempête. Nous voyions des groupes de femmes en train de pelleter la neige sur la piste d'envol. Il leur faudrait du temps. Nous avons présenté nos passeports, ainsi que les photos des enfants. On nous fit attendre longtemps. Il était formellement interdit de sortir du pays avec de l'argent roumain. Une fois passé le comptoir où les passeports avaient été remis, il n'y avait rien à boire ni à manger sauf dans quelques distributeurs automatiques pour lesquels il fallait de la monnaie roumaine. Chaque fois que nous nous informions du sort de nos passeports, on nous répondait que ce n'était pas terminé. Nous n'avions aucune idée de ce qui se passait et nous étions les seuls étrangers dans la salle d'attente.

Si l'avion était parti à l'heure, nous n'aurions probablement pas été à bord. Mais il ne décolla finalement que vers treize heures. On nous remit nos passeports à la toute dernière minute et nous avons dû courir jusqu'à l'escalier d'embarquement. Les enfants pleuraient car ils avaient faim et soif, et tout le monde à l'aéroport avait fait semblant de ne rien comprendre quand nous avions réclamé poliment un peu d'eau.

Ce voyage derrière le rideau de fer fut une expérience inoubliable. Nous y avons vu des gens tenus par la peur et privés de la dignité la plus élémentaire.

Plus tard, à Montréal, je me trouvai à rencontrer, un jour, par hasard, l'ambassadeur de la Roumanie, qui parlait de son pays et du bonheur des Roumains. Je m'empressai de lui faire savoir ce que j'avais vu et entendu durant mon voyage. Il m'assura que la Roumanie avait beaucoup changé. Mon voyage avait eu lieu à peine cinq ans auparavant. Il m'offrit la possibilité d'y retourner aux frais de son gouvernement pour voir ce qui s'y était passé depuis cinq ans. Je refusai net. Je devinais qu'au cours d'un voyage officiel on ne me montrerait que ce qu'on voudrait bien me montrer. Je préférais garder l'image des paysans au regard affamé et des enfants aux doigts gourds, sans gants ni mitaines pour les protéger d'un froid de canard, que j'avais croisés. La Roumanie, pour moi, ça resterait ces gens-là et peut-être le jeune soldat du train, qui riait aux éclats en faisant sauter Sylvie sur ses genoux et qui avait tellement insisté pour nous faire goûter l'alcool local en cachette.

L'année 1961 avait été un tournant important pour moi. J'avais eu trente ans. J'avais raccommodé mon mariage du mieux que j'avais pu. Je travaillais sans savoir ce que l'avenir me réservait, mais j'avançais. Et mes enfants grandissaient bien. Daniel était un bon élève, et Dominique, qui s'ennuyait de son frère quand il était au collège, commença à demander si elle pouvait, elle aussi, aller à Juilly. André avait peut-être d'autres maîtresses, mais j'avais pris quelque distance et cela faisait moins mal. Je ne voulais plus souffrir comme avant. Le bilan, somme toute, était positif.

22

Beyrouth la belle

En rentrant à la maison, un soir de novembre 1963, Daniel, très excité, nous apprit l'assassinat du président Kennedy. Je n'y comprenais rien. Pourquoi assassinait-on un président adulé ? Pourquoi s'en prendre à cet homme qui avait soulevé l'enthousiasme des Américains en leur disant, le jour de son assermentation : *«Don't ask what your country can do for you, ask what you can do for your country.»*

J'avais vibré en entendant ces mots, et je n'étais pas la seule. Pourquoi la politique américaine paraissait-elle si pourrie ? Nous eûmes l'occasion de revoir les images de cet assassinat pendant des jours à la télévision française, puis les funérailles du président, avec cette veuve si courageuse auprès de ses deux enfants. J'avais le sentiment profond que plus rien ne serait jamais comme avant. C'était comme si le monde avait atteint un nouveau palier de violence. L'insouciance politique et la tranquillité d'esprit que j'avais affichées jusque-là venaient de disparaître. La mort de Kennedy était en train de faire de moi une adulte sur le plan politique. À partir de ce moment-là, je voulus comprendre tout ce qui se passait sur la scène politique internationale.

Le printemps suivant, j'entendis parler d'un voyage à Beyrouth, au Liban, voyage organisé autour d'un colloque d'une association de journalistes de langue française venus de tous les pays francophones. Je décidai de m'inscrire. Je voulais élargir mes horizons et visiter des pays différents de ceux que je connaissais déjà. C'était l'occasion rêvée.

À Beyrouth, je ne connaissais personne, sauf de nom. Il y avait là quelques Québécois, dont Robert Élie et sa femme, Pierrette Champoux, Roger Champoux et sa femme, et quelques délégués suisses, belges et français. Nous avions assisté à une réception officielle du gouvernement libanais dès notre arrivée dans cette ville magnifique où la mer et la montagne se mariaient dans une splendeur de paradis terrestre. C'était le Liban d'avant la guerre civile, un pays considéré comme la plaque tournante du Moyen-Orient. La joie de vivre y était évidente.

Après les discours officiels, le colloque commença. Le climat de ce printemps ne portait pas tellement au travail. J'avais, pour ma part, bien plus envie de me promener dans les souks et dans ces rues étroites où la vie semblait si présente. Le premier matin, j'arrivai un peu en retard dans une grande salle, juste au moment où un journaliste français que je ne voyais pas à cause de la disposition des chaises commençait à raconter l'histoire du Liban. Sa voix était chaude, légèrement cassée, rieuse aussi, et moi qui suis si sensible aux voix, j'étais déjà sous le charme. La conférence dura plus d'une heure. Quand je finis par voir l'homme qui parlait, je fus frappée par ses yeux rieurs entourés de petites rides qui donnaient tant de mobilité à son visage. J'avais aimé sa facilité à laisser de côté son texte pour apporter des précisions sur les personnages dont il parlait. Il me faudrait quand même un peu de temps avant d'apprendre qu'il s'agissait de R.F., ami de tout le monde ici et membre influent de cette association. Je découvris en même temps que l'organisation était moins sérieuse que je ne le croyais et qu'elle servait de prétexte à plusieurs pour faire un beau voyage à un prix raisonnable.

Les rencontres sociales y étaient très importantes. Parmi les participants, je fis la connaissance d'un célèbre psychiatre pratiquant aussi bien en Suisse qu'aux États-Unis et auteur de plusieurs livres à succès. Sa conversation fut toujours passionnante et ce qu'il me racontait me fascinait au plus haut point. Nous avons passé tous ensemble une journée à Baalbek, où nous avons assisté à un spectacle son et lumière, visité des temples et dîné sous les cèdres légendaires en début de nuit. Nous découvrions ce pays béni des dieux où il était possible de skier en montagne le matin et de se baigner dans la mer l'après-midi.

Chaque fois que je sortais de l'hôtel pour aller en ville, un homme me suivait. Je finis par en parler au directeur de l'hôtel, qui me dit de ne pas m'en faire, que c'était là un hommage que cet homme me rendait à sa façon, qu'il ne m'aborderait même pas sans que je lui ait d'abord fait signe, et qu'il pourrait bien me suivre ainsi pendant des jours sans jamais m'adresser la parole. C'est bien ce qui se produisit. Je le retrouvai fidèle à son poste chaque fois que je sortis de l'hôtel, et ce jusqu'au jour de mon départ. Jamais il ne m'a dit un seul mot. Par contre, un autre Libanais, rencontré aux différentes réceptions, homme d'affaires et propriétaire de bateaux qui transportaient oranges et autres fruits vers des pays étrangers, me fit une cour moins discrète. Plus audacieux que celui qui se contentait de me suivre, il me proposa même une croisière sur son yatch. Je ris parce que j'étais flattée et que je trouvais ce pays bien rassurant pour une femme que l'on trompait chez elle. Il y avait aussi bien longtemps que cela ne m'était arrivé.

Puis je croisais R.F. de temps en temps. Quand il me parlait, je n'entendais pas un mot de ce qu'il me disait. Sa voix était si chantante à mon oreille que je me sentais bercée par cette mélodie qui me bouleversait. J'étais en train de devenir amoureuse d'une voix. Je ne comprenais plus rien de ce qui m'arrivait. Le voyage se termina sans que rien ne se fût passé avec aucun de mes prétendants. Mais R.F. et moi nous étions promis de nous revoir à Paris.

J'étais une femme en manque. En manque d'attention, en manque d'amour véritable. J'étais rassurée parce qu'un autre homme tenait à moi. Je n'avais plus envie de me défendre. J'avais seulement envie d'être heureuse.

D'abord, ce fut un lunch. La séduction opérait encore. J'étais envoûtée par cette voix que je pouvais écouter durant des heures. Il était catholique, et Angelo Roncalli, avant de devenir le pape Jean XXIII, avait été le parrain de son fils. Il parlait avec facilité des grands poètes, et c'est lui qui m'apprit qu'«Un seul être vous manque, et tout est dépeuplé![1]».

Physiquement, R.F. n'était pas le type d'homme qui m'attirait. Mais la douceur de sa voix me séduisait tant que je finis par le trouver beau. Je me sentais ridicule et j'essayais de me dire que je n'étais plus une enfant et qu'il fallait tout arrêter tout de suite. Je refusai de le revoir. Il fit alors, volontairement ou non, la connaissance d'André.

---

1. Alphonse de Lamartine, *Premières Méditations poétiques*.

Il m'avoua qu'il aimait le danger que cela représentait de connaître le mari. J'avais souvent l'impression de jouer du Feydeau. Puis R.F. nous invita chez lui, André et moi, et nous présenta sa femme et ses enfants. Il s'arrêtait parfois à la maison, après avoir téléphoné pour vérifier si André était absent. Il s'invitait à prendre un scotch. Moi qui ne buvais plus du tout comme pour protester contre le fait qu'André buvait trop, j'acceptais de prendre un verre avec lui. Je lui expliquais que la situation ne me plaisait pas et que je ne me sentais pas du tout à l'aise dans ces mensonges qui s'accumulaient sans cesse. Je venais de voir le film *Cléo de 5 à 7* et il me répugnait d'être comme l'héroïne du film, disponible sur demande de cinq à sept.

R.F. demanda alors à me rencontrer à l'extérieur de la maison. Il m'expliqua qu'il entretenait des sentiments sérieux à mon endroit et que, si je pouvais envisager de quitter André, nous pourrions refaire notre vie ensemble car il songeait aussi à quitter sa femme depuis déjà un moment. J'acceptai de le voir. Petit à petit, nos rendez-vous devinrent réguliers. Deux ou trois fois par semaine, nous nous retrouvions en fin de journée au bar de l'hôtel Port-Royal. Il finit par me dire qu'il m'aimait, avec des mots que je n'avais jamais entendus et qui mirent mon cœur en émoi. Puis il m'expliqua du même souffle qu'il s'était piégé lui-même, car le fait de connaître André me rendait plus inaccessible. Je devins furieuse. J'avais l'impression d'être encore une fois manipulée. Mais, pour la première fois de ma vie d'épouse, j'étais prête à tromper André, à goûter au fruit défendu. Ma conscience me causait des problèmes, cependant. J'avais le sentiment d'agir comme André l'avait déjà fait avec moi, de lui jouer dans le dos.

Un jour, en rentrant à la maison alors que je venais de quitter R.F. avec qui il ne s'était toujours rien passé d'autre que des paroles et des baisers, je dis à André que j'avais à lui parler très sérieusement. Je lui avouai ce qui était en train d'arriver. Je lui expliquai que, sans l'avoir recherché, j'étais visiblement amoureuse d'un autre. Je lui fis remarquer que moi, au moins, j'en parlais avant, plutôt que d'attendre que ce soit terminé. J'avoue que je le disais surtout pour atténuer le choc et affirmer mon honnêteté par rapport à la sienne. Une méchanceté pour rien. J'insistai sur le fait qu'il m'était impossible de vivre sous son toit tout en étant amoureuse de quelqu'un d'autre, que je me refusais à jouer au couple parfait alors que ma tête, mon cœur et le reste étaient ailleurs. Je ne pouvais pas partager son lit en rêvant à l'autre qui occupait toutes mes pensées. Je lui dis que je voulais partir, que j'avais besoin d'y voir clair d'abord, avant de décider quoi que ce soit. Je lui proposai que nous vivions séparés durant un moment. Je vivrais seule ailleurs la semaine et je reviendrais à la maison les fins de semaine pour les enfants, qui étaient tous à Juilly, Sylvie ayant voulu rejoindre Dominique à l'école des filles. Je ne voulais pas qu'ils soient mis au courant tout de suite. J'expliquai à André que j'étais devenue très vulnérable à cause de nos difficultés maritales. Il ne protesta que pour la forme, me sembla-t-il. Je lui dis que je trouverais un appartement dès le lendemain. Je déménagerais peu de choses puisque je reviendrais toutes les fins de semaine. Il me dit qu'il ne serait pas là les fins de semaine. J'inventerais ce que je voulais pour les enfants, mais il s'arrangerait pour être ailleurs.

23

L'éclatement

Le lendemain de cette discussion, je louai un appartement avenue de Saxe, dans un immeuble moderne. Deux petites pièces, bien décorées et à moi seule. C'était la première fois de ma vie que j'étais chez moi. J'avais signé le bail, je pouvais garantir le loyer, et j'avais un peu d'économies à la banque. Je me sentis tout à coup libre comme l'air.

J'annonçai à R.F., qui avait tant voulu me voir quitter André, que c'était fait. Il me rendit visite à mon nouvel appartement. Il paraissait heureux de ce nouvel arrangement. Il nous fallut encore quelques jours avant de devenir amants. Nous avions l'impression de vivre une vie un peu plus normale, mais le temps qu'il pouvait m'accorder était encore limité par sa vie de famille et ses engagements professionnels. Il en restait trop peu pour nous deux. Il m'avait assuré qu'il prendrait les dispositions nécessaires pour quitter sa femme, qu'il n'aimait plus depuis longtemps, disait-il. Mais les semaines passaient et ce n'était jamais fait. Nous allions finir par vivre une aventure avec promesses et déchirements inutiles. J'allais vivre une peine d'amour. Mon héros était un héros de papier.

Mon appartement était devenu un antre de filles. Jacqueline passait beaucoup de temps chez moi la semaine. Le vendredi, j'allais prendre les enfants à l'arrivée du bus qui venait de Juilly et nous rentrions à la maison, qui était vide. André, de son côté, faisait une vie de célibataire. Un jour, je dus attendre au café du coin que la fille qui était avec lui puisse quitter la maison rapidement, avant d'y entrer moi-même avec les enfants. Mais comme c'est moi qui étais partie, je considérais que je n'avais rien à reprocher à André. Il était libre. Moi aussi. Les enfants ne se doutaient de rien et je ne me décidais pas à leur dire la vérité. J'avais honte de me retrouver impliquée dans une histoire avec un homme marié dont les enfants connaissaient les miens. Comme, de plus, j'étais certaine que tout pouvait se terminer d'un jour à l'autre, je choisis de me taire. Je voulais leur éviter la turbulence d'un couple en pleine crise.

L'hiver fut long. R.F. venait me voir de moins en moins souvent. Je savais qu'il ne servirait à rien de lui faire des reproches. Je n'arrivais pas à être malheureuse, tellement le plaisir de dormir seule, de faire des courses pour une personne, de me coucher quand j'en avais envie me plaisait. Dans cet appartement qui était à moi, je n'invitais que des gens qui ne nous connaissaient pas comme couple, André et moi. Je ne devais plus rien à personne. Je pris quelques amants. «Il faut bien que le corps exulte», chantait Brel. Je me disais qu'il était temps que je fasse ma vie de fille que je n'avais jamais vécue, et que je n'avais plus rien à perdre. D'ailleurs, bientôt, si la chance continuait de me sourire, je pourrais reprendre mes enfants et je serais en mesure d'assumer toutes les dépenses afférentes à notre nouvelle vie. Je n'aurais plus besoin d'André pour quoi que ce soit. Je m'accrochais à cette idée qui me gardait en vie. C'était bien ambitieux pour quelqu'un qui n'avait qu'un contrat de pigiste à la radio et quelques piges comme journaliste. Mais c'était mieux que tout ce que j'avais fait jusque-là. J'étais remplie d'espoir.

Je ne m'attachais surtout pas aux amants que j'avais. C'était clair chaque fois : aucune promesse, rien. Cela, bien sûr, arrangeait tout le monde. En six mois, car c'est ce qu'allait durer mon absence, j'allais en apprendre plus sur les hommes que je n'en avais découvert en trente ans. J'eus des amants très différents les uns des autres, mais combien semblables quand il s'agissait de faire les gestes de l'amour sans aucun engagement !

Au bout des six mois, je fus très étonnée quand André me dit qu'il avait à me parler à son tour. Il m'apprit alors qu'il serait rappelé à Montréal à la fin de l'été et qu'il avait bien l'intention d'y ramener les trois enfants avec lui. Il voulait connaître mes intentions. Allais-je rentrer avec eux ou continuer ma vie à Paris ?

Tous mes espoirs s'écroulaient. Il m'aurait peut-être été possible de me faire engager dans une station de radio à Paris, sur une base plus stable. J'y avais des amis, surtout des Français rentrés d'Algérie, comme Jean-Claude Héberlé, avec qui je venais de faire une tournée de reportages en Suisse pour Radio-Canada, et Jean-Pierre Elkabach, dont l'ascension s'annonçait très rapide, et j'avais la chance qu'on me trouvât du talent dans ces milieux. Mais il me faudrait combien de temps ? Je savais que le temps allait jouer contre moi. Si mes enfants rentraient à Montréal sans moi, j'étais sûre de ne jamais pouvoir les reprendre. André demanderait le divorce et obtiendrait, en plus, la garde des enfants. Mon absence de la maison durant six mois allait jouer contre moi. Mon choix était très limité. Je finis par lui dire que j'étais prête à rentrer avec lui, mais à certaines conditions. Nous reprendrions la vie commune en nous en tenant à l'engagement du début. J'aurais souhaité que nous formions un vrai couple, sans aventures ni pour l'un ni pour l'autre. Que nous soyons vraiment mari et femme et qu'il n'y ait personne d'autre entre nous. Je savais qu'il avait eu plusieurs maîtresses ces derniers mois. Il me dit quand même qu'il était d'accord.

Nous allions mettre cette entente à l'essai pendant nos dernières semaines en France. J'essayai de convaincre Claude Sylvestre de garder *Interdit aux hommes* à l'antenne l'automne suivant, avec Martine travaillant à Paris et moi à Montréal. Je sauverais ainsi au moins une partie de mon indépendance.

Les deux filles rentrèrent en juillet 1964. Elles furent accueillies à Dorval par toute la famille, mais les pauvres petites ne comprenaient plus un mot de ce que les parents leur racontaient. Elles étaient devenues terriblement françaises. Daniel passa le mois d'août chez son ami Alain en Normandie, pendant que nous préparions le retour. Nous prîmes l'avion avec lui à la fin d'août. Je quittai l'avenue de Saxe en pleurant, me disant que jamais plus je ne connaîtrais le bonheur de vivre libre comme je l'avais connu là.

Je fis mes adieux à Jacqueline, à Martine et à Mimi. Je ne revis pas R.F. avant le départ. Cela me paraissait tout à fait inutile. Je commençai à me détacher tout doucement de Paris, qui était devenu ma ville, et j'essayai de fixer dans ma mémoire quelques coins que j'aimais particulièrement. Je me disais déjà qu'en rentrant à Montréal il faudrait acheter une maison. Pour moi, ce serait comme une façon de jeter l'ancre pour m'enlever toute idée de retour à Paris à l'apparition de la moindre difficulté. J'avais écrit à Cécile pour lui dire que nous serions de nouveau réunies.

Pendant le séjour à Paris, j'àvais perdu mon père, mon grand-père Ernest, le mari de ma Marie-Louise, et ma grand-mère Ouimet. Tous ceux qui restaient et que j'aimais avaient vieilli. Daniel ne comprenait pas grand-chose à ce que disait ma mère. La langue parlée allait poser un problème majeur entre mes enfants et la famille. À notre départ de Montréal, Sylvie avait six mois, Dominique, cinq ans, et Daniel, six ans. Ces trois enfants étaient maintenant âgés respectivement de six ans, dix ans et demi, et douze ans. Un jour, j'avais entendu mon fils dire à un petit copain français : «Les Indiens dansent autour des avions quand ils atterrissent à l'aéroport de Dorval.» Je me consolais du retour en me disant qu'il était temps de rentrer à la maison si je ne voulais pas élever trois petits Français !

Je savais aussi cependant que jamais nous n'oublierions la France. Nous y étions restés assez longtemps pour être imprégnés de sa culture et de son histoire. Mes enfants, à l'école, avaient récité, eux aussi, «Nos ancêtres les Gaulois…»

En France, j'étais devenue une femme. J'avais passé les épreuves requises. J'avais souffert, j'avais pardonné, mais je n'oublierais jamais. Ma Marie-Louise me l'avait répété assez souvent : «Les hommes oublient mais ne pardonnent pas; les femmes pardonnent mais n'oublient jamais.»

C'est en pensant à cette phrase que je sentis une sorte de méfiance s'installer dans mon esprit. André pourrait-il me pardonner ces six mois pendant lesquels je l'avais complètement éliminé de ma vie? Il ne m'avait fait aucun reproche, mais qui pouvait m'assurer qu'il ne m'en voudrait pas terriblement par la suite, une fois revenu au point de départ? Étais-je vraiment pardonnée ou allait-il me faire expier ma témérité?

Je rentrai décidée à tenir parole et à me défendre si André revenait sur mon passé récent.

24

« Fais du feu dans la cheminée[1]... »

Je dus me remettre au travail dès mon arrivée puisque *Interdit aux hommes* allait reprendre l'antenne dès le début de septembre 1964. Je commençai la ronde des entrevues à Montréal. Je fonçais sans me poser de questions. Andrée Lachapelle, Jacques Normand et René Lévesque, toujours ministre du gouvernement Lesage, furent mes premiers invités. André visitait des maisons pendant ce temps tout en reprenant contact avec ses anciens collègues.

J'eus beau regarder partout, écouter attentivement tout ce qui se disait autour de moi, la «révolution tranquille» dont on m'avait tant parlé à Paris ne me paraissait pas évidente. Qu'y avait-il vraiment de changé? Je n'eus pas à me frotter tout de suite au système d'éducation du Québec puisque je trouvais préférable de laisser mes enfants dans des écoles françaises. L'adaptation à leur nouvelle vie serait déjà bien assez difficile comme cela. Daniel alla donc au collège Stanislas, où il terminerait ses études avant de passer à l'université. Dominique et Sylvie

---

1. Chanson de Jean-Pierre Ferland.

furent inscrites au collège Marie-de-France, où elles seraient assez malheureuses pour que Dominique demande rapidement à réintégrer le système public québécois. Sylvie suivrait dès l'année suivante.

Nous nous installâmes rapidement dans une grande maison du chemin de la Côte-Sainte-Catherine qui m'avait plu immédiatement à cause de son aspect un peu vieillot et de son jardin bordé de grands arbres. Ma mère la trouvait trop vaste, trop chère, et surtout trop loin de chez elle qui habitait toujours Verdun.

Les enfants, qui avaient souffert de l'étroitesse de notre dernier appartement à Paris, étaient enchantés. Ils trouvèrent assez rapidement des copains qui les comprenaient à peu près complètement, ce qui finit de les rassurer. Et la vie reprit son cours. Radio-Canada avait rapporté sans rechigner la boîte de décorations de Noël. J'avais laissé mon réfrigérateur aux Troubnikoff, qui n'en avaient jamais vu de si grand, ainsi que la machine à laver le linge. C'était, disaient-ils, le plus beau cadeau qu'ils eussent jamais reçu. Nous rapportions quelques meubles de salon que nous avions achetés au marché aux puces à Paris, et nous eûmes la surprise de redécouvrir ce que nous possédions avant le départ et qui était resté en entrepôt pendant toutes ces années : quelques boîtes et barriques, un peu de vaisselle, beaucoup de papier, des lits, et pas grand-chose d'autre.

Après quelques semaines, il m'apparut clair que ce qui avait le plus changé au Québec pendant notre absence, c'était l'attitude des femmes par rapport à la vie de la société. Les femmes étaient sorties de la cuisine. Non pour investir le monde du travail – enfin, pas encore –, mais pour investir le salon, que les hommes avaient l'habitude de monopoliser pour leurs discussions sérieuses après les repas. Les femmes, elles, s'étaient toujours confinées dans la cuisine pour parler de leurs maladies, de leurs grossesses ou de leurs enfants pendant que les hommes refaisaient le monde sans elles. C'était fini, semblait-il. Les femmes participaient maintenant aux discussions du salon. Elles avaient leur mot à dire et, à mon grand étonnement, les hommes ne les invitaient pas à retourner à leurs casseroles. J'étais d'autant plus étonnée de ma découverte que personne en visite à Paris ne m'en avait parlé.

Sachant qu'*Interdit aux hommes* ne pourrait pas durer éternellement, je commençai à travailler sur le projet d'une émission que je voulais pancanadienne. Il me semblait que ce qui pouvait encore rassembler les gens de ce pays qu'on appelait le Canada, c'était les problèmes des femmes, qui étaient les mêmes partout, dans toutes les provinces. Partout les femmes avaient besoin de garderies, partout elles voulaient un plus grand accès aux études supérieures pour se donner les moyens d'occuper des postes importants dans le milieu du travail. Le discours de Thérèse Casgrain me revenait souvent en tête : «Cette moitié de la population, oubliée, sacrifiée…», et me servait de moteur. Je finis par déposer mon projet à Radio-Canada, pour apprendre que celui-là, plus sérieux, plus politique aussi, relevait des Affaires publiques, service où se trouvait déjà André. Je défendis mon point de vue aussi souvent qu'il le fallut. À un réalisateur qui, chargé de réduire mes espoirs, me disait que sa femme, infirmière, «aimerait aussi beaucoup travailler pour Radio-Canada», je fis remarquer que je n'étais pas infirmière mais journaliste; que j'avais maintenant suffisamment d'expérience pour en faire la preuve et que je trouvais ce règlement ridicule et injuste. Alors qu'un réalisateur pouvait faire travailler sa maîtresse à ses côtés s'il en avait envie, l'épouse légitime, malgré ses compétences, ne pouvait même pas entrer dans la grande maison. Il y eut un malaise. On me laissa développer quand même le projet. On me suggéra d'acheter un Nagra, un magnétophone avec lequel j'étais familière, l'ayant beaucoup utilisé à Paris. Je fis quelques contacts dans les autres provinces. J'osai placer mon projet sous la protection de l'année du centenaire de la Confédération, ce qui dut mettre quelques-uns de mes interlocuteurs en rogne.

Un jour, je reçus un appel téléphonique qui m'apprit que le projet ne se ferait pas. J'eus beau invoquer les dépenses importantes que j'avais déjà engagées, rien n'y fit. On me prévint du même souffle qu'*Interdit aux hommes* en était à sa dernière année. Je n'aurais plus rien. Et je savais très bien ce que cela voulait dire pour moi : un recul terrible. De nouveau la dépendance, l'impossibilité de devenir enfin autonome. J'étais donc condamnée à rentrer dans le rang. J'aurais préféré mourir, je crois.

Noël approchait. J'avais promis aux enfants de les emmener voir le défilé du père Noël, auquel ils n'avaient jamais assisté. Ils ne connaissaient que le pauvre saint Nicolas français, un personnage moins joyeux que notre père Noël. Au jour dit, nous nous postâmes à l'angle de l'avenue du Parc et de la rue Sherbrooke. Il y avait foule. Je demandai à des adultes s'ils voulaient bien laisser passer les enfants devant eux, pour qu'ils puissent voir quelque chose. On me répondit : «Y a pas de place! P'is si vous êtes pas contente, retournez d'où vous venez!»

Je ne savais pas s'il fallait rire ou pleurer. Puis ce fut la colère qui prit le dessus. Je protestai : «Il faut être bien stupide et bien petit pour ne pas vouloir faire de place à des enfants pour un défilé qui leur est destiné.

Me faire dire de retourner d'où je venais parce que j'avais le malheur de parler français correctement, moi qui suis de Saint-Henri mais qui avais eu la chance de voir autre chose dans la vie que leur petite mesquinerie et leur maudit racisme!»

Il n'y eut aucune réplique, et on choisit de m'ignorer par la suite. Je fis passer mes enfants devant, bien décidée à ne jamais accepter un traitement comme celui-là de la part des miens.

Un soir, alors que j'accompagnais André dans je ne sais quelle réception où il devait être présent, il me présenta une des scriptes de son service. Elle s'appelait D.P. et je reconnus immédiatement la poignée de main habituelle, craintive, timide, que j'identifiais trop bien à une nouvelle maîtresse troublée par la présence de l'épouse officielle. J'eus très envie de prendre cette fille à part pour lui dire ce qui allait se passer, mais je n'en fis rien. Tant pis pour elle. Chacune a le droit de faire ses propres expériences. Je demandai seulement à André depuis combien de temps cela durait. Quelque part en moi, cependant, quelque chose s'était brisé de nouveau. Ce n'était certainement pas le temps de manquer de travail et de redevenir une épouse au foyer alors que la menace réapparaissait et que ma libération était une question d'argent.

Alors que je n'attendais plus rien et que je m'apprêtais à appeler au secours des amis journalistes, Paul-Marie Lapointe, Antoine Desroches, Michèle Lasnier et tous les autres que je connaissais un peu, je reçus un coup de fil d'Antonin Boisvert, dont je ne savais rien du tout, qui me demandait de venir le rencontrer à Radio-Canada, place Ville-Marie. J'ai pensé qu'on allait au moins payer mes dépenses pour le projet qu'on avait déjà refusé, et j'acceptai d'aller le voir. En arrivant, je découvris qu'il était le nouveau directeur des programmes de la radio, si bien qu'en entrant dans son bureau, au vingtième étage de l'édifice de la place Ville-Marie, je m'entendis lui dire : «Si je vous connaissais mieux, je vous passerais par la fenêtre, tant j'en ai gros sur le cœur.»

Il se mit à rire et il m'écouta pendant que je criais à l'injustice. Quand j'eus terminé, il me demanda :

«Accepteriez-vous de faire une autre émission que celle dont vous parlez?

— Bien sûr. Ça dépendrait du genre d'émission.»

Il m'expliqua alors qu'il avait l'idée d'une émission avec public, dans un studio, en direct, chaque matin. Il me demanda si je pouvais travailler en public. Sans hésitation, je lui répondis que oui. Je savais que j'allais éventuellement mourir de peur, mais que j'aurais toujours le temps d'y penser. Il me demanda de rencontrer Claude Morin, un réalisateur que je ne connaissais pas mais dont il disait qu'il était ambitieux, qu'il avait des idées originales et qu'il aimait la radio, toutes des qualités qui me convenaient tout à fait.

Claude et moi mîmes sur pied en quelques semaines le projet de *Place aux femmes*, pour l'automne 1965. Il veillait au contenant, je veillais au contenu. Ce serait le premier magazine «féministe» de Radio-Canada, et Claude proposa d'engager Guy Provost comme coanimateur, «pour faire un équilibre» dans l'émission. Les couples étant à la mode à la télévision, je ne voyais pas d'objection à travailler avec Guy Provost. Puis je fis la connaissance de Paul de Margerie, chargé de monter un trio musical, et qui devait devenir un ami très cher.

Le monde entier allait défiler à *Place aux femmes*, qui durerait cinq ans. Sous la protection d'un humour à toute épreuve, nous avons abordé des sujets aussi sérieux que la dépendance et la pauvreté des femmes, l'égoïsme des hommes, leur infidélité proverbiale et la nôtre occasionnelle, tout en suggérant des moyens de garder son homme ou de le confier à une autre quand on en avait assez… Nous avons même fait des défilés de mode et des expositions de peinture dans notre studio. C'était chaque jour un immense plaisir renouvelé.

Même si l'émission était quotidienne, il me fallait aussi trouver une émission spéciale pour l'été, histoire de voir si je pouvais gagner assez d'argent en une année au cas où je devrais subvenir à tous nos besoins. Cette idée ne me quittait pas, et, comme André avait visiblement recommencé à vagabonder d'une femme à l'autre, j'avais peu d'espoir de voir ce pauvre mariage si souvent rapiécé durer encore bien longtemps. Je pris tout ce qui me fut offert : *Le Temps des sauterelles*, une émission produite dans les discothèques durant l'été, et même la coanimation avec Nicole Germain de son émission *Votre choix* à la télévision. J'apprenais. C'était ma première expérience de télévision. Où était la caméra, comment on s'en servait pour appuyer ce qu'on voulait dire, comment elle pouvait révéler la personnalité des gens que j'avais en face de moi. J'apprenais. On m'avait engagée parce que j'étais plus «dure» dans mes entrevues. Cela me faisait rire.

Puis je fis quelques incursions du côté du réseau anglais. Je fus étonnée de constater que je travaillais presque aussi facilement en anglais qu'en français. Je n'avais pas besoin de texte, improvisant tout le temps dans les deux langues. *Speak easy* pendant toute une année me permit de faire la connaissance des animateurs et des réalisateurs du réseau anglais, ainsi que de quelques invités que j'adorais, comme Leonard Cohen.

Je sentais que je marquais des points et que j'étais en train de me faire un nom. Cela me rassurait. En principe, je ne devrais plus jamais manquer de travail.

M.V. était mon amie. Elle était aussi devenue recherchiste pour l'émission. J'avais donc cessé de faire la recherche toute seule. Un beau jour, je découvris, grâce à Paul de Margerie qui m'en avait parlé, que Guy Provost et lui-même gagnaient tous les deux plus cher que moi. Quand vint le moment de renégocier mon contrat avec le représentant de la digne société, en l'occurrence un ancien chanteur portant des bagues à diamant, Jean-Pierre Comeau, je lui fis savoir que, dorénavant, il fallait me traiter comme si je faisais partie de l'Association des musiciens et me payer au moins autant que le chef d'orchestre pour faire cette émission-là où je coordonnais encore la recherche et l'animation. Il me répondit : «Vous prenez-vous pour Michèle Tisseyre?» J'ai répliqué : «Non. Seulement pour moi-même.» Je me trouvais d'une audace inouïe, mais j'ai obtenu ce que je demandais.

J'avais cependant tiré ma leçon et jamais plus je ne me laisserais marcher sur les pieds par les administrateurs de services qui accordent leurs bienfaits selon leur bon plaisir. Tout doucement, d'ailleurs, je n'avais plus peur de personne.

De la jeune femme timide qui était partie pour Paris un jour, il ne restait pratiquement rien. Même ma mère, des fois, me disait qu'elle ne me reconnaissait plus. Mais elle était si fière de ce que j'étais devenue. Je commençai à lui donner un peu d'argent chaque mois. J'étais contente d'être rentrée au Québec car j'avais l'impression que je pourrais lui rendre la vieillesse plus douce. Non seulement voulais-je être indépendante financièrement et subvenir seule aux besoins de mes enfants, mais je voulais aussi faire vivre ma mère. Je ne voulais plus jamais dépendre de personne. Jamais. Et tous mes efforts continuèrent d'aller dans ce sens, même si j'étais étonnée de toujours constater que je n'avais pas vraiment besoin d'argent pour moi personnellement. Tout ce que je désirais pour moi-même, c'était mon indépendance.

25

Terre des Hommes

J'avais été très «sage» depuis les six mois de ce que j'avais appelé ma «libération conditionnelle», juste avant de revenir au Québec. Le retour à Montréal, pour moi, signifiait nécessairement une bonne conduite. Je n'aurais jamais voulu qu'André puisse se retrouver en face d'un ami ou d'un collègue qui aurait pu prétendre avoir couché avec sa femme. J'ai toujours trouvé les Québécois si vantards.

Durant la première année de notre nouvelle vie à Montréal, je ne suis retournée à Paris qu'une seule fois, pour quelques jours, et en plein hiver. Je n'y ai revu que mes copines. Je me souviens qu'il pleuvait à boire debout et que le froid et l'humidité me transperçaient sans que rien puisse me réchauffer. Je vivais à l'hôtel pour la première fois depuis notre arrivée en France il y avait bien long-temps, et je n'aimais pas me sentir étrangère dans cette ville que j'avais tant aimée. Paris avait été ma ville. J'avais fini par l'apprivoiser complètement et je la connaissais dans ses moindres impasses ou venelles. Mon séjour fut court et, en montant dans l'avion, au retour, je me disais déjà que je ne reviendrais pas à Paris avant longtemps.

J'avais souffert de passer devant mon ancien refuge sans y entrer. Il me fallait en faire mon deuil pour de bon. Pour la première fois, je me sentis vraiment déracinée. Ce n'est qu'à ce moment-là que je réalisai que je vivrais à Montréal pour toujours, sans retour en arrière, et que la coupure devait être nette.

J'allais cependant avoir une grande consolation. Je retrouverais mes grandes amies à Montréal. Jacqueline viendrait travailler pour Expo 67, comme secrétaire de direction auprès d'un des grands patrons de l'exposition universelle. Mimi Carron viendrait elle aussi, mais à Radio-Canada, où André aurait besoin de ses services pour l'aider à mettre sur pied l'émission *Présent*. Elles habiteraient chez nous, le temps de trouver des appartements qui leur conviennent. Leur présence allait m'aider à vivre ma réadaptation.

J'aimais le travail que je faisais à *Place aux femmes*. Tous ces sujets simples qu'on y discutait amenaient les participants à livrer le fond de leur pensée. La présence du public était un atout formidable qui rendait notre travail plus spontané. Guy Provost y jouait bien son rôle, et la musique de Paul de Margerie était un enchantement. Son trio, dont les deux autres membres étaient Roland Desjardins et Guy Parent, nous soutenait, et le talent de ces musiciens faisait en sorte que l'émission était devenue parallèlement le rendez-vous des amateurs de jazz.

C'est ainsi que j'eus le plaisir d'entendre chanter pour la première fois Ginette Reno. Elle m'apparut à la fois si fragile et si puissante qu'elle resta longtemps une énigme pour moi. Je découvrais tout ce que le Québec comptait de talents : Gilles Vigneault, mon amie Pauline Julien, que j'avais entendue pour la première fois chez *Moineau*, et

Raymond Lévesque, que j'avais vu à *La Porte du Salut*, alors que tous les deux faisaient chanter Paris, puis les Renée Martel, Clémence Desrochers, Renée Claude, Jacques Michel et Claude Léveillée. Ce fut à *Place aux femmes* qu'Olivier Guimond fut invité à une émission de Radio-Canada pour la première fois de sa longue carrière. Il était intimidé et nous remerciait d'avoir pensé à lui. Nous allions voir défiler devant nos micros la Poune, Manda, aussi bien que Jean Marchand et plusieurs autres politiciens de l'époque. L'émission était un feu roulant d'humour, d'esprit et de bonne humeur. Et les sujets étaient certainement plus sérieux qu'ils n'en avaient l'air de prime abord. Mes patrons avaient prétendu que le public ne parlerait pas, que c'était toujours la même chose quand on mettait un micro sous le nez de gens ordinaires, qu'ils avaient tendance à faire des «euh… euh… euh…». Je leur avais répondu : «Si c'est pour demander ce qu'il faut faire en Afrique du Sud ou en URSS, c'est vrai que la réponse peut prendre du temps à venir. Mais si vous demandez à une femme ce qu'elle doit dire à un mari qui rentre à six heures du matin, croyez-moi, elle aura une réponse tout de suite.» J'avais raison. Et elles le disaient avec plus d'humour qu'on aurait pu le soupçonner.

M.V. était devenue un rouage important de l'émission. Maintenant que je la connaissais mieux, je trouvais qu'elle était trop souvent seule. J'avais la certitude qu'il n'y avait pas grand-chose dans sa vie à part le travail. C'était une fille attachante qui, ayant perdu son père quand elle n'avait que seize ou dix-sept ans, avait travaillé pour faire vivre sa mère et sa jeune sœur. Je la traitais comme ma petite sœur, parfois même comme ma fille. Elle n'avait que dix ans de moins que moi. Nous avions l'habitude de manger ensemble tous les midis, et il m'arrivait même de l'inviter à passer quelques jours avec nous quand nous louions un chalet dans les Laurentides ou ailleurs pour les vacances des enfants, afin qu'elle ne se retrouve pas seule tout le temps, surtout à Noël ou au jour de l'An. Elle faisait partie de la famille. Et Jacqueline trouva un appartement dans le même immeuble que celui où elle habitait. Mes retrouvailles avec Jacqueline, mes visites chez elle, allaient créer encore plus de liens avec M.V.

À *Place aux femmes*, le concours du Plus Bel Homme est né spontanément, un jour, dans le studio. Et le mot «homme» n'était pas entendu dans son sens le plus noble. Il désignait une personne du genre masculin. J'ai soulevé la question de la beauté des hommes au cours d'une émission, un matin, en demandant à Guy Provost ce qu'était pour lui la beauté masculine. Il a répondu qu'on n'avait qu'à le regarder pour le savoir… C'était son rôle. J'ai ensuite posé la question à plusieurs personnes présentes dans le studio, pour découvrir que ce n'était absolument pas la même chose pour tout le monde. J'enchaînai en demandant à toutes les personnes de l'auditoire de produire, avant la fin de l'émission, une liste des dix plus beaux hommes, selon leurs propres critères. Ce qui fut fait. Le lendemain matin, nous commençâmes à recevoir des listes par le courrier, de la part d'auditeurs qui nous avaient entendus et qui avaient eu le goût de faire l'exercice avec nous. De là à en faire un concours, il n'y avait qu'un pas que je franchis rapidement, en ondes, sans avoir pris le temps d'en mesurer la portée avec le réalisateur. Mais, les lettres continuant d'arriver, nous décidâmes de maintenir l'idée d'un concours, qui culminerait avec un défilé des plus beaux hommes sélectionnés par les auditeurs. Ce concours, qui devait se répéter chaque année autour du 14 février, jour de la Saint-Valentin, nous a procuré un plaisir immense. Organisé d'abord à la radio, il allait se poursuivre plus tard à la télévision et devenir un jour un véritable gala, diffusé directement de la place des Arts.

Il fallait voir les Jean Béliveau, Ken Dryden, Jacques Boulanger, Pierre Lalonde, Pierre Nadeau, Donald Pilon, John Turner, Bernard Derome, Richard Garneau, Benoît Girard, Jacques Fauteux et autres Apollons descendre le grand escalier prévu à cet effet. Certains ont refusé de se présenter pour le défilé même s'ils avaient gagné. Jean Lesage, qui s'était classé premier en 1966, avait refusé de venir chercher son trophée. Mais, loin de nous laisser abattre, nous étions allés le lui porter à son bureau de Premier ministre, à Québec. Comme il avait déjà de légères tendances à se trouver beau lui-même, certains prétendirent que le concours lui ferait perdre les élections le 5 juin suivant, tellement il serait arrogant pendant la campagne électorale et qu'il regarderait tout le monde de haut. Il est certain que le concours faisait peur aux politiciens, qui auraient donné leur chemise pour en être exclus. Pierre Elliott Trudeau lui-même, qui fut élu l'un des dix premiers quelques années plus tard, refusa de venir chercher son trophée, mais il accepta de me parler au téléphone durant l'émission, diffusée directement du Théâtre Saint-Denis, cette fois-là. Ce concours a mis du soleil dans nos hivers pendant de nombreuses années, et il a peut-être permis à certains hommes de comprendre ce que pouvaient signifier les concours de beauté pour femmes qui existent encore aujourd'hui à travers le monde.

C'est aussi du studio de *Place aux femmes* que Roger Bouchard, annonceur de Radio-Canada, lut un bulletin spécial d'information le 5 octobre 1970 pour annoncer l'enlèvement de James Richard Cross, attaché commercial de la Grande-Bretagne à Montréal. L'événement venait tout juste de se produire. Une nouvelle comme celle-là ne pouvait que faire l'effet d'une douche froide dans un studio où il y avait un public, pendant une émission dont le premier mandat était de traiter légèrement des sujets sérieux. Guy Provost enchaîna en disant : «Nous autres, on a regardé partout. Il n'est pas ici.» Je me demandai comment j'allais faire pour retomber sur mes pieds après cela…

Place aux femmes, année après année, connut un immense succès. Ce qui me touchait le plus et me faisait le plus plaisir, c'était de recevoir une lettre d'un auditeur me racontant qu'il était incapable de sortir de sa voiture tant qu'une entrevue n'était pas terminée, même s'il était arrivé à destination. C'était là un immense compliment. *Place aux femmes* fut diffusé des terrains de l'Expo jusqu'à la fin du printemps 1967. Et, durant tout l'été, j'animai en plus une émission pour le réseau anglais de Radio-Canada, *Sunday at the Fair*. J'étais enchantée de pouvoir suivre l'événement de près.

L'Expo me fascinait. C'était une époque formidable pour vivre à Montréal. La ville elle-même, les Montréalais et la gloire du maire Jean Drapeau étaient à leur apogée. Nous avions regardé pousser une île au milieu du Saint-Laurent et je m'étais souvent rendue à *Altitude 737*, ce restaurant situé tout en haut de l'édifice de la place Ville-Marie, avec les enfants, le dimanche midi, où j'y disputais la «table du coin» à Pierre Dupuis lui-même, grand patron de l'Expo, qui, comme moi, désirait voir de haut l'évolution de la construction du site. Les pavillons prenaient forme. Il régnait dans la ville une atmosphère extra-ordinaire. Nous étions en train de nous convaincre que nous pouvions entreprendre et mener à bien de grands projets. Et, bien qu'il se soit fourvoyé depuis, je pensais alors que nous devions beaucoup de cette fierté nouvelle à Jean Drapeau, qui était en train de nous sortir de notre torpeur. Cela était indiscutable. Le Québec tout entier changeait. Autant la chose ne m'avait pas paru évidente à mon retour en 1964, autant, trois ans plus tard, je savais qu'une sorte d'explosion intérieure avait eu lieu et que nous étions prêts à répondre «présents» alors que le monde entier allait nous interpeller.

Le règne de Jean Lesage avait pris fin avec les élections de 1966. Il avait été défait par Daniel Johnson père. Mais ce Johnson-là était un homme sympathique et attachant, que tout le monde appelait «Danny Boy». Il avait réussi à canaliser les espoirs d'un peuple tout entier avec une autre formule que «Maîtres chez nous», qui était celle de Lesage. La sienne était : «Égalité ou indépendance». Mais le sens était le même. Les Québécois, qu'on appelait encore les Canadiens français, supportaient mal la mainmise du gouvernement fédéral sur leur développement culturel et économique. Ils trouvaient les prétentions d'Ottawa de plus en plus difficiles à supporter. L'Exposition universelle de Montréal, avec la fierté qu'elle allait leur apporter, finirait par leur faire relever la tête, qu'ils avaient basse depuis si longtemps. Ils allaient tendre la main au monde entier pendant six mois. Ils passeraient des journées entières sur le site de l'Expo à découvrir la nourriture d'autres pays, les danses et les chansons de leurs nouveaux amis étrangers, et ils apprendraient en même temps à se regarder, à se comparer et à se trouver beaux. Les Canadiens anglais trouvaient que les Québécois prenaient beaucoup de place. Et cette fierté nouvelle, mal comprise du reste du Canada, finit par amener les anglophones des autres provinces à poser la fameuse question : «*What does Quebec want ?*»

Pour ma part, j'ai essayé de répondre si souvent à cette question, me disant qu'il fallait quand même que quelques-uns d'entre nous essaient d'expliquer au Canada anglais ce qui était en train de se passer, que je pus constater que le Canada anglais n'y comprenait vraiment rien et à quel point cette révolution dite tranquille les avait dérangés et les intriguait. Car il s'agissait bien de la suite normale de la «révolution tranquille» de l'équipe de Lesage. L'«équipe du tonnerre» avait soulevé, par ses discours et ses attitudes, une lourde pierre qui n'avait pratiquement pas bougé depuis un siècle, et ses principaux artisans s'étonnaient eux-mêmes de ce qu'ils étaient en train de trouver en dessous. Johnson entretenait l'éveil et même en rajoutait.

Pierre Bourgault et le RIN faisaient leur chemin. On ressortait les discours de la Rébellion de 1837-1838, on réveillait les héros et les martyrs, pour la plus grande fierté de ceux qui attendaient ce moment depuis longtemps. Chacun cherchait son camp, sans toujours le trouver là où il croyait. Serait-on indépendantiste ou fédéraliste? La question était finalement posée. Il fallait se brancher.

Le premier à me poser la question «*What does Quebec want ?*» fut Patrick Watson, avec qui j'animais l'émission du dimanche au réseau anglais. Je m'entendis pour la première fois parler de fierté écrasée, de l'égalité des deux peuples fondateurs, de la nécessité pour ces deux peuples de vivre ensemble en définissant de nouveaux partages et de nouvelles règles du jeu, de notre petite majorité frileuse de «parlant français» au Québec, dans cette mer anglophone que constituaient le Canada et les États-Unis, et du

On me confie la visite du cinéaste Fritz Lang à
l'Expo. Il est irrité par de trop jeunes hôtesses qui ne
savent pas bien qui il est. J'en ai appris plus sur
l'Allemagne de l'avant-guerre, sur Hollywood et sur
Marlène Dietrich pendant cette semaine-là que je ne
l'aurais fait en un an d'études universitaires.

Nous sommes invités à divertir les troupes stationnées à Lahr, en Allemagne. Guy Provost et moi sommes accompagnés du hockeyeur Jean Béliveau (1), de Claude Morin et Jacques Cossette, nos réalisateurs (2 et 3), de la recherchiste Michèle Verner (4), du major Paul Ranger, notre ange gardien (5), de la chanteuse Margot Lefebvre (6) et du chanteur Robert Demontigny (7).

Au cours de ce voyage, j'ai appris à connaître Margot Lefebvre, une vraie femme de cœur.

Une bonne partie de l'équipe de *Place aux femmes* : Guy Provost,
Michèle Verner, recherchiste, puis, au second rang, de gauche à
droite, nos musiciens Paul de Margerie, Guy Parent et Roland
Desjardins, Jacques Cossette, l'un de nos réalisateurs, et Louise
Jasmin, recherchiste aussi et qui est restée ma meilleure amie.
Dans la peine, c'est toujours chez elle que j'allais pleurer.

C'est le début d'une nouvelle vie. *Place aux
femmes*, à Radio-Canada, que j'anime avec Guy
Provost pendant cinq ans, connaît un franc succès.

Photo : Radio-Canada

À *Place aux femmes,* le concours du plus bel
homme est né spontanément. Richard
Garneau, qui a été l'une de mes victimes, vient
de me remettre le *Méritas* de « l'animatrice
la plus dynamique des ondes ».

Après *Place aux femmes*, ce fut *Studio 11*,
avec Guy Provost et Jacques Fauteux,
une émission quotidienne de deux heures
qui fut à l'horaire durant deux ans.

Cette fois, c'est *Studio 11* qui reçoit le
prix de la meilleure émission de radio.
Au gala, en compagnie d'Anita Barrière
et des deux coanimateurs de l'émission.

L'événement méritait
d'être célébré en studio !

Le dernier Noël de ma mère. Elle croit souffrir
d'arthrite, alors qu'elle a un cancer des os.
Je passerai trois mois à son chevet, à repenser
à sa vie et à la mienne. La *vieille* Lise a trente-
sept ans et elle mourra avec Cécile. Une
nouvelle femme va naître, qui veut réorganiser
sa vie et être heureuse enfin!

besoin que nous sentions de protéger cette langue et cette culture en terre d'Amérique.

Je ne savais pas bien d'où me venaient ces mots. J'avais été absente du pays si longtemps que j'étais souvent étonnée de mon propre discours. Jusqu'à ce que je me rende compte que c'était le discours que tenait aussi ma Marie-Louise avec ses mots à elle, longtemps avant que ces mots ne redeviennent à la mode, longtemps avant que d'autres en aient pris conscience. Ernest aussi le répétait à qui voulait l'entendre : «Nous ne sommes pas maîtres de nos affaires. Il faut tout reprendre depuis le début. Nous avons perdu sur tous les terrains, notre survie même est menacée… Les Anglais ont toujours travaillé à notre perte et ils y travaillent encore.» Quand j'en parlais à Cécile, cela la faisait rire. Elle se rappelait, elle aussi, ce discours de ses parents, qui avait été gommé des souvenirs de la famille pendant des années.

Cécile n'est allée qu'une seule fois à l'Expo. Elle souffrait, disait-elle, d'une sciatique qui ne la lâchait pas et elle avait souvent du mal à marcher. Je lui disais de consulter un médecin, mais elle préférait sa bouillotte et ses pommades.

J'aimais travailler avec Patrick Watson. C'était très certainement l'animateur que j'admirais le plus, et j'avais l'impression, quand je travaillais avec lui, d'être encore bien meilleure. Il m'obligeait à m'investir davantage dans ce que je défendais. Il avait animé l'émission *This Hour Has Seven Days* au réseau anglais, que je considérais comme la meilleure que la télévision ait produite depuis le début de son existence. Il connaissait assez bien le français et il était d'une grande sensibilité à l'endroit de la culture française. Il était assez près de Judy Lamarsh, alors ministre à Ottawa, et il savait qu'elle gardait un œil sur *This Hour Has Seven Days*, trouvant cette émission assez dangereuse politiquement. L'émission fut d'ailleurs enlevée de l'horaire assez rapidement, sous prétexte que le coanimateur, Laurier LaPierre, avait versé une larme en présentant un sujet un peu pénible, un dimanche soir. Il aurait sans doute fallu chercher du côté des politiciens fédéraux insatisfaits et inquiets une intervention directe sur les patrons de CBC, mais on accepta l'histoire de la larme coupable. Bien sûr, c'était l'époque où un homme ne devait jamais pleurer, surtout pas à la télévision. On voulait des animateurs neutres, impartiaux et sans opinions.

C'est là que je commençai à expliquer que je ne croyais pas à la neutralité des journalistes. Un journaliste travaille toujours avec tout le bagage que la vie lui a fourni. Il ne peut donc absolument pas être neutre. Comme tout le monde, il aime ou il n'aime pas : le sujet d'abord, puis les gens à qui il va en parler. Il ne le dit pas, mais une partie de son opinion est probablement déjà faite avant de commencer. Il peut tout au plus essayer de présenter les deux côtés de la médaille, ce qui n'a rien à voir, à mon avis, avec la neutralité. Et, même en le faisant, il pourra difficilement dissimuler de quel côté il croit que se trouve la vérité… Le reste tient de l'hypocrisie ou de l'angélisme.

Avec Watson, je me sentais à la grande école. Nous étions en plus de très bons amis. J'avais développé de l'affection pour lui, doublée d'une immense confiance. Il connaissait mes désirs de changer le monde et les partageait. Nous sommes restés des amis depuis toutes ces années.

Je le retrouvai le soir de la remise des prix Gémeaux, qui avait lieu quelques jours seulement après l'assassinat de quatorze jeunes femmes à l'École polytechnique de

Montréal. Nous avons pleuré dans les bras l'un de l'autre juste avant le début de la cérémonie. Il avait autant de peine que moi. Je n'avais pas eu à lui expliquer longtemps, comme il fallait le faire avec d'autres, pourquoi j'avais été si profondément blessée de ce qu'un jeune homme, dans une colère incontrôlée, ait assassiné quatorze étudiantes, après avoir bien pris soin de les séparer des garçons, en les traitant de féministes.

La nouvelle de cette horreur était tombée pendant un bulletin d'information, quelques jours plus tôt, à la télévision. J'avais entendu qu'un jeune homme était en train de faire un carnage à l'intérieur de l'école et que même la police n'osait entrer. Quand on avait fait le bilan de la tragique soirée, quatorze femmes étaient mortes, et le garçon, Marc Lépine, s'était suicidé. À la télévision, des experts défilaient pour tenter d'expliquer ce geste sadique commis sur des femmes sans défense, mais évitaient de parler du fait que les garçons présents n'étaient pas intervenus pour désarmer le meurtrier et aider leurs consœurs. Ces analystes étaient tous des hommes. Leur constat fut que Marc Lépine était fou. Pour ma part, je n'y ai jamais cru. Il avait été refusé comme étudiant à Polytechnique et il attribuait ce refus à la présence de ces jeunes femmes, dont il était convaincu qu'elles prenaient sa place. C'est cela qu'il croyait, d'où sa décision de faire de la place pour lui et pour d'autres comme lui.

Pour Watson comme pour moi, cette soirée des Gémeaux, qui se déroulait quelques jours plus tard seulement, fut extrêmement douloureuse. J'aurais souhaité, pour ma part, que ce gala fût annulé en signe de deuil, mais les organisateurs voulaient qu'il ait lieu. Patrick a toujours su le combat que je mène pour l'égalité des femmes, il le comprend, et il est l'un des hommes les plus justes qu'il ait été donné de connaître durant ma vie. Je crois qu'à la suite de ce drame quelque chose est mort en lui, comme en moi.

Le plus étonnant dans cette histoire, quant à moi, c'est qu'au moment des meurtres de Polytechnique j'avais accepté la présidence d'honneur des célébrations du cinquantième anniversaire de l'obtention du droit de vote pour les femmes du Québec, une victoire remportée de haute lutte par des femmes comme Thérèse Casgrain et Idola Saint-Jean, qui avaient bravé les moqueries des politiciens de Québec pendant des années pour finalement avoir gain de cause en 1940. Nous étions en 1990 et Marc Lépine venait de nous rappeler que la haine n'était pas morte. Lépine avait agi le 6 décembre. Le 7, le comité du cinquantième anniversaire réunissait, dans un grand hôtel de Montréal, cinquante femmes connues et actives dans les dossiers de la condition féminine : Monique Simard, Françoise Stanton, Louise Harel, Léa Cousineau, Lorraine Pagé, Léa Roback, pour ne nommer que celles-là. Si Marc Lépine l'avait su, il n'aurait eu qu'à patienter vingt-quatre heures de plus et il aurait pu débarrasser le Québec de toutes ces femmes connues qui avaient été en partie responsables de la présence des femmes à Polytechnique. Son ressentiment violent lui avait fait dresser une liste personnelle d'autres femmes à abattre. Il était pourtant si ignorant qu'il ne les connaissait même pas toutes.

Comme d'autres, ces événements tragiques m'avaient fait me sentir coupable. Coupable d'être féministe, coupable d'avoir réclamé si longtemps, sur toutes les tribunes, l'égalité des femmes, coupable de la mort de quatorze femmes intelligentes. Il m'a fallu du temps pour me remettre et reprendre mon discours à la mémoire de ces quatorze disparues.

Nous, les femmes, nous n'avions pas aimé le thème de l'Expo, *Terre des Hommes*, et nous l'avions dit. On nous avait affirmé que le mot «hommes» était entendu dans son sens le plus noble, englobant tous les hommes et toutes les femmes de cette planète. On nous avait traitées de «méchantes *féminisses*», et on nous avait suggéré de nous contenter de devenir des humanistes plutôt que des féministes. Les hommes qui se sentaient interpellés souvent et placés au pied du mur à maintes reprises, dans ces années-là, s'empressaient d'affirmer leur compréhension devant les revendications d'égalité des femmes. Si nous devions revoir l'Expo avec nos yeux d'aujourd'hui, je ne suis pas sûre que nous y trouverions la présence significative des femmes que nous y aurions souhaitée, et qui allait bien au-delà de la présence d'hôtesses dont on vantait les qualités d'accueil et de gentillesse. Aujourd'hui, nous exigerions un pavillon des Femmes, rien de moins! Mais l'aurions-nous?

De *Terre des Hommes* à Polytechnique, j'avais pourtant l'impression que nous avions trop peu progressé. Il me semblait que tout était toujours à recommencer. Les femmes elles-mêmes s'en prenaient souvent à d'autres femmes et représentaient ainsi une masse qui affirmait aimer le sort qui lui était fait et ne rien vouloir changer à sa condition. Cela me désespérait.

26

La politique à la québécoise

Au milieu des années soixante, les familles québécoises se partageaient déjà en deux camps au sujet du terrorisme du Front de Libération du Québec. Les uns prétendaient que la violence était nécessaire pour faire évoluer une situation qui stagnait depuis trop longtemps. Les autres n'admettaient aucune forme de violence mais ignoraient encore que la Gendarmerie royale du Canada était depuis longtemps sur la piste des méchants *séparatisses* et se permettait des actes illégaux, comme de brûler des granges pour accuser ensuite le FLQ de l'avoir fait. On discutait fort partout.

Mes enfants participaient, avec beaucoup d'autres, aux manifestations qui avaient lieu depuis quelques années. Ils étaient présents partout, portant un casque de mineur pour éviter les coups de matraque de la police, qui n'hésitait pas à frapper. Ils découvrirent rapidement d'ailleurs que la police semblait rechercher ceux qui portaient un casque protecteur. J'avais des enfants engagés. Pas encore enragés, mais engagés. Ils avaient leurs idées, qu'ils défendaient de toutes leurs forces.

Nous avions assisté à la fondation du Parti québécois, le 13 octobre 1968. J'y étais allée avec eux comme observatrice. J'avais retrouvé là de bons amis, comme Pierre Bourgault et Jean-Roch Boivin. J'avais aimé le ton de René Lévesque, son sourire moqueur et sa colère rentrée. L'événement me paraissait s'inscrire dans la suite logique des choses. Il y avait eu Expo 67, avec l'ouverture sur le monde d'un peuple qui venait de prendre conscience qu'il vivait en amitié avec tous les autres peuples de la terre. Ce peuple voulait faire reconnaître son identité. C'était là pour moi une demande raisonnable. Je savais quels efforts personnels j'avais mis dans la conquête de ma propre indépendance, qui me paraissait avoir beaucoup de liens communs avec l'indépendance d'un peuple.

En 1968, rien n'allait plus. Le monde entier était sens dessus dessous. Le pasteur Martin Luther King, qui menait la lutte pour les droits civiques des Noirs aux États-Unis, avait été assassiné, le 4 avril. Robert Kennedy, le frère de John, candidat possible à la présidence américaine, avait été assassiné lui aussi, le 6 juin. On soupçonnait, dans certains milieux, la CIA d'être responsable de ces assassinats, et pourtant on trouvait des coupables qui semblaient avoir agi seuls. On vivait les assassinats en direct à la télévision. Nous nous sentions tous vulnérables et trahis. On se battait dans les rues au Japon, en Corée, en France et dans plusieurs autres pays. Les étudiants, souvent, menaient la révolte.

Nous avions applaudi au «Vive le Québec libre» du général de Gaulle lors de sa visite officielle en 1967. Il était arrivé par bateau à Québec, où il avait été acclamé chaleureusement. Dans tous ses discours, il parlait de son ami «Johnsonne» en parlant du Premier ministre Daniel

Johnson père, et nous étions fiers que le grand homme ait l'air de savoir qui nous étions. Il était venu jusqu'à Montréal par le chemin du Roi, sous les vivats des foules qui l'accueillaient.

À Montréal, il avait osé crier «Vive le Québec libre» du balcon de l'Hôtel de Ville, provoquant une énorme grimace chez les autorités de la ville et les fédéralistes, qui n'en croyaient pas leurs oreilles. Et le général, président de la France, était reparti en refusant de baisser la tête et sans faire d'excuses à qui que ce soit, semblant nous laisser le message de terminer le travail.

Comme beaucoup d'autres, j'avais aimé l'idée d'envoyer Pierre Elliott Trudeau, Jean Marchand et Gérard Pelletier à Ottawa. J'avais cru aux «trois colombes», pensant que ces hommes aideraient le Québec à poursuivre sa révolution, parce qu'ils avaient été parmi les premiers à comprendre nos besoins et les dangers qui nous menaçaient. J'avais eu le tort de croire que le Trudeau de 1967 était encore le Trudeau de dix ans auparavant, qui se rangeait du côté des plus petits, des plus faibles et des plus démunis, même de façon maladroite. Je trouvais son arrogance mieux placée à Ottawa qu'à Rouyn, dans le sous-sol des Steelworkers, mais je ne savais pas encore que la politique changeait les hommes. Quand Trudeau fut élu, je mis sa photo dans mon bureau, un immense poster où il avait l'allure d'un moine bouddhiste.

Il me semblait que le Québec, s'il était représenté par des gens de cette qualité, allait connaître la réalisation de ses rêves les plus secrets. Je n'avais pas fini d'être déçue.

En France, les étudiants occupaient les théâtres et les universités. Ils déstabilisaient le gouvernement du général de Gaulle. C'était un étudiant allemand, Daniel Cohn-Bendit, qui avait mené la lutte à Paris. Chacun voulait sa propre petite révolution culturelle, imitant en cela les Chinois de Mao Zedong, mais sans savoir à quel point la Chine avait souffert. Même derrière le rideau de fer, il y eut des soulèvements, vite écrasés par les autorités communistes.

Le 26 septembre 1968, Daniel Johnson mourait à son tour, quelques jours seulement avant la fondation du Parti québécois. Ma Marie-Louise avait l'habitude de dire qu'on avait les politiciens qu'on méritait, et elle n'avait pas tort. La succession allait s'avérer difficile.

Je n'étais pas encore assez consciente de tout ce qui se passait autour de moi. Je voulais tout comprendre. J'étais restée social-démocrate depuis la première fois que j'avais voté. Je savais que ces choix étaient faits pour toujours. C'étaient mes assises. J'étais féministe, et cela aussi je savais que je le serais pour toujours. Cet engagement allait tellement de soi que je ne comprenais pas qu'on puisse s'en étonner. Pour moi, on ne pouvait pas naître femme sans être féministe. Le mot avait cependant déjà mauvaise presse, et les discussions de *Place aux femmes* n'arrivaient à passer que parce que nous parlions de tout avec humour. S'il avait fallu le faire sans rire, nous n'aurions pas duré une semaine à l'antenne. Je fus appelée dans le bureau d'un patron un jour parce que nous avions fait une émission sur la limitation des naissances et que nous avions invité Lise Fortier, gynécologue, pour parler de la pilule contraceptive. Le patron en question me pria d'être plus prudente à l'avenir dans le choix de mes sujets et me fit savoir qu'il y avait des émissions «sérieuses» à Radio-Canada pour parler de «ces choses-là». Nous étions en 1966. Radio-Canada, par ma bouche, avait parlé de la pilule pour la première fois.

Je n'étais pas encore indépendantiste. Nationaliste, oui. Je désirais l'épanouissement du peuple du Québec. Je cheminais plus lentement que d'autres. J'étais de ceux qui voulaient encore donner une autre chance au gouvernement fédéral. Je croyais à la négociation. Je croyais que les anglophones recherchaient l'harmonie autant que les francophones et que, à force d'en parler, nous finirions par trouver des terrains d'entente.

J'avais été membre du CCF, plusieurs années auparavant. Le Nouveau Parti démocratique, qui avait remplacé au Québec le CCF, ne me convenait plus. J'en avais souvent discuté avec Robert Cliche, qui en assumait la présidence, et nous étions souvent d'accord pour dire que le vieux fond fédéraliste du CCF empêcherait toujours ce parti de recruter des membres au Québec. J'avais du chemin à faire avant de me brancher ailleurs. J'écoutais tous les discours. J'emmagasinais de l'information. J'avais le cœur qui battait plus vite quand on me parlait d'un Québec qui pourrait avoir sa place aux Nations unies, mais je n'étais pas prête à m'engager personnellement pour y travailler. Il aurait peut-être suffi qu'on m'assure qu'une femme pourrait représenter le Québec aux Nations unies, mais la condition féminine était loin d'être la priorité des partis politiques, quels qu'ils fussent.

Je réalisais que je connaissais mieux la politique française que celle du Québec ou du Canada. Je pris la décision de m'appliquer sérieusement à combler cette lacune. Je voulais être la meilleure citoyenne possible. Je voulais savoir où me situer. Je savais au moins que la politique faisait partie de la vie quotidienne et qu'il y avait bien autre chose à faire que d'attendre les élections qui reviennent tous les quatre ans. J'avais compris depuis longtemps que les dossiers des femmes, par exemple, étaient des dossiers politiques pour la plupart, ceux du moins qui exigeaient des changements législatifs ou des investissements financiers de la part du gouvernement. Je savais qu'il y avait du pain sur la planche pour longtemps dans ce domaine.

Les libéraux invités à mes émissions me prenaient pour une libérale discrète. Les unionistes aussi. J'avais refusé d'être membre du Parti québécois avant de savoir où ce parti allait se situer exactement. Sa naissance avait été laborieuse, et, malgré un programme social-démocrate intéressant, les résistances paraissaient très fortes à l'intérieur du parti. Le Parti québécois était surtout un amalgame de gens de toutes tendances qui avaient choisi d'unir leurs forces pour un objectif commun, la souveraineté-association, l'une ne pouvant aller sans l'autre. Et c'est cet amalgame qui posait problème. On tirait aussi fort à gauche qu'à droite, et cette lutte interne ne s'annonçait pas facile à régler.

Au fédéral, où j'avais toujours voté CCF, je venais de voter libéral pour la première fois, à cause des «trois colombes».

1968 fut une année charnière pour moi sur le plan politique. Je n'étais pas branchée, mais j'étais attentive à tout ce que j'entendais, afin de faire mon propre choix.

27

Annus horribilis

1968 fut aussi la pire année de ma vie personnelle. Au début de l'hiver, après avoir fait à l'avance les enregistrements nécessaires de *Place aux femmes*, je partis avec Sylvie pour la Guadeloupe. J'étais encore fatiguée de tout ce que l'année 1967 m'avait apporté de travail et j'avais besoin de refaire mes forces. Mes deux autres enfants, qui ne pouvaient quitter leurs études, restèrent avec leur père. Tout se passa très bien de mon côté. J'ai aimé la Guadeloupe car j'ai eu l'impression de retrouver un coin de France en Amérique. J'y ai rencontré des couples charmants, dont un médecin de l'hôpital Sainte-Justine et son épouse, qui venaient de perdre une petite fille atteinte de la leucémie et qui m'expliquaient qu'elle aurait pu être sauvée par de nouveaux traitements si elle avait vécu quelques mois de plus. J'ai partagé leur peine en les écoutant. Sylvie était belle et bronzée, et j'étais si heureuse de pouvoir dire que mes enfants étaient en bonne santé. Depuis l'incident du docteur Février, à Meudon, ils n'avaient pratiquement jamais été malades.

Je fus surprise, en rentrant après deux semaines, de ne pas trouver André à l'aéroport. À la maison, les enfants ne disaient rien, comme s'ils préféraient ne pas me raconter ce qu'ils avaient fait en mon absence. Je leur remis les cadeaux que je leur avais rapportés, puis tout le monde alla se coucher. André rentra très tard et il me dit qu'il avait à me parler, que c'était grave.

J'appris alors qu'en mon absence il était devenu l'amant de M.V. Il l'avait emmenée faire du ski avec les enfants, et il me dit qu'ils s'étaient très bien entendus avec elle. J'étais furieuse. Je trouvais normal que les enfants s'entendent bien avec M.V., puisqu'ils la connaissaient depuis longtemps et qu'ils savaient qu'elle était mon amie. Je ne décolérai pas et j'allai presque jusqu'à l'accuser d'inceste, tellement je trouvais que M.V. était près de moi, la considérant presque comme ma sœur, presque comme ma fille. J'avais l'impression de l'avoir pratiquement élevée, puisqu'elle n'avait pas vingt ans quand je l'avais fait engager pour l'émission, et de lui avoir enseigné tout ce qu'elle savait. Il me dit qu'il voulait partir vivre avec elle, immédiatement. Sa décision était prise et il était rentré uniquement pour m'en informer. Il souhaitait que je prévienne les enfants le plus rapidement possible. Je refusai de les réveiller, mais je lui dis que ce serait fait dès le lendemain. Il ramassa quelques vêtements, l'essentiel, et il partit.

Je crus que j'avais rêvé, que ce qui venait de se passer ne pouvait pas être vrai. Je ne comprenais rien à ce qui était arrivé en mon absence. J'avais toujours tellement eu confiance en M.V. Je l'avais crue ma meilleure amie. Je lui avais souvent raconté les folies que nous avions vécues à Paris, André et moi, dans les années précédant notre retour.

J'allai me coucher en me disant que c'était peut-être aussi bien ainsi, que j'en avais plein mon chapeau, que mon avenir paraissait assuré et que les enfants avaient grandi suffisamment pour comprendre ce qui arrivait. Je décidai qu'il me fallait garder la maison à n'importe quel prix, pour ne rien changer à nos habitudes de vie, et que j'allais enfin entreprendre de nous rendre plus heureux, les enfants et moi. Et je finis par m'endormir, les yeux secs.

Le lendemain, je me fis un devoir de tout raconter aux enfants, avec les ménagements nécessaires. Les deux aînés s'étaient rendu compte d'un comportement anormal de leur père durant leurs journées de ski, et la nouvelle ne fut pas vraiment une surprise pour eux. Ils étaient plutôt d'accord pour dire avec moi que c'était aussi bien qu'il soit parti. Cela ne les empêcha pas toutefois d'avoir beaucoup de peine.

J'avais à peine eu le temps de me retourner qu'André était de retour, repenti. Il m'expliqua qu'il n'avait pas pu dormir, ne cessant de penser à nous, et qu'il avait su dès le premier matin, en songeant aux enfants qui se levaient pour aller à l'école, que sa place était avec nous. Je me mis à pleurer doucement devant une situation aussi ridicule. Les enfants étaient sidérés.

Que je le veuille ou non, je n'avais pas le choix. Je retrouvai M.V. en larmes au studio. Dès l'émission terminée, je l'invitai à prendre un verre dans un restaurant des environs. Ce jour-là, nous avons pleuré beaucoup et parlé longtemps. Nous devions constituer tout un spectacle pour les autres clients. Nous étions profondément blessées, toutes les deux. Je lui expliquai que le plus étonnant, c'était qu'elle et moi pleurions tandis que lui n'était marqué par rien. Il avait repris sa place et il était parti travailler, heureux de son sort. Tout cela glissait sur lui comme l'eau sur les plumes d'un canard. Je proposai à M.V. de ne rien changer à nos habitudes de travail. Nous nous efforcerions de continuer comme avant, en essayant de ne pas trop nous faire mal mutuellement. Je lui dis même, pour l'encourager, qu'un an plus tard nous pourrions nous rasseoir à la même table, dans le même restaurant, et rire de ce qui venait de nous arriver. Je ne voulais pas qu'elle quitte *Place aux femmes*, d'abord parce que j'aimais travailler avec elle, mais aussi parce qu'elle était précieuse pour l'émission et qu'elle avait besoin de gagner sa vie. Nous nous sommes quittées en nous serrant dans nos bras et en nous disant qu'il n'y avait rien de changé entre nous. Et qu'au moins il n'avait pas réussi à nous séparer.

Cela allait fonctionner. Nous réussîmes à oublier l'affaire et à renouer les liens d'amitié qu'il y avait toujours eu entre nous.

Le printemps fut mauvais également. Paul de Margerie, qui était devenu un ami véritable, se suicida le vendredi saint en se tirant une balle dans la tête, dans un motel de la région d'Ottawa. Il avait souffert d'un anévrisme quelque temps auparavant. Nous avions pris grand soin de lui et nous pensions que tout allait bien. Il avait été considérablement affecté par l'assassinat de Martin Luther King, au début d'avril, et il transportait des armes dans sa voiture, ce que nous ne savions pas. Un immense sentiment de culpabilité se répandit dans l'équipe de l'émission, car nous ne pouvions pas comprendre comment, ayant vécu avec Paul chaque jour, personne n'avait entendu ses appels à l'aide.

Quand, à l'émission, il nous semblait que nous nous répétions et tombions dans la routine, nous demandions parfois à Paul, pour nous remettre dans l'esprit de *Place aux femmes*, de jouer pour nous *J'irai la voir un jour*, ce cantique de notre enfance qu'il transposait en jazz et qui faisait notre bonheur. Cela avait le don de nous remettre dans notre assiette.

Guy Provost et moi nous rendîmes à ses funérailles dans son petit village de Vonda, en Saskatchewan. On nous avait dit que Paul avait pris soin de raser avant son suicide la petite barbe qu'il portait, mais ce fut quand même une surprise de le voir ainsi. La surprise fut encore plus grande quand, dans la petite église de Vonda, le chœur entonna *J'irai la voir un jour*, dans le style le plus classique et le plus traditionnel. Guy Provost et moi ne pûmes nous retenir de rire. Paul nous faisait un dernier clin d'œil.

En rentrant de Vonda, je téléphonai à ma mère pour lui faire part de ma peine et du vide que Paul laissait dans ma vie. Comme je pleurais, elle a fini par me dire : «Qu'est-ce que ça va être quand ce sera quelqu'un de la famille?» Cela m'a fâchée. Je me dis qu'elle était incapable de comprendre les liens très forts que cette émission quotidienne tissait entre les gens de l'équipe. Je raccrochai un peu brusquement.

Paul était mort le 13 avril. Le 1er mai, en arrivant au studio, je trouvai un message de mon ami le docteur Maurice Jobin. Il était chez ma mère, qui l'avait fait appeler d'urgence. Je le rappelai immédiatement. Il me raconta que ma mère était tombée sur le trottoir en se rendant chez le chiropraticien. Elle se plaignait depuis des semaines d'une sciatique et j'avais fini par l'oublier. Maurice me dit qu'il s'agissait d'une fracture pathologique. J'aurais voulu partir tout de suite, mais je ne pouvais pas quitter l'émission. *The show must go on*, dit-on, et il fallait d'abord travailler. Je dis à Maurice que, terminant à onze heures je serais chez ma mère tout de suite après. Il me répondit qu'il ne la laisserait pas seule et qu'il m'attendrait.

Je ne sais pas comment j'ai réussi à animer cette émission-là, mais à onze heures je sautais dans ma voiture et filais en direction de Verdun. Je trouvai ma mère allongée sur son lit, très souffrante. Elle tenta de me dire qu'elle ne savait pas ce qui lui était arrivé. L'ambulance que Maurice avait fait venir était déjà en bas et les ambulanciers étaient prêts à la transporter. Maurice me dit encore une fois qu'il s'agissait d'une fracture pathologique, mais je ne savais pas ce que c'était. Je partis avec Cécile pour l'hôpital Notre-Dame. Je lui tenais la main, et elle pleurait doucement. Je savais qu'elle était humiliée. Jamais elle ne s'était imaginée malade, ayant besoin d'aide et ne pouvant se déplacer par ses propres moyens. Elle était la fille de ma Marie-Louise. Ces femmes-là meurent debout.

Dans l'ambulance qui nous emportait à l'hôpital, je repensai à cette conversation téléphonique avec ma mère, au moment de la mort de Paul de Margerie, et je compris qu'avec cette phrase qui m'avait offusquée elle me prévenait déjà de sa mort prochaine. Je n'avais rien compris et je m'en voulais tellement. Je lui tenais la main en essayant de faire en sorte qu'elle souffre le moins possible du transport. Il faut voyager en ambulance avec quelqu'un qui souffre et ne supporte plus rien pour savoir dans quel état sont toujours les rues de Montréal au printemps.

À l'hôpital, ce fut le branle-bas de combat : radiographies, va-et-vient de médecins et d'infirmières. «A-t-elle des assurances? Quel est son nom de fille? Est-elle mariée? Qui faut-il prévenir? Le nom de son père? Le nom de sa mère?» Je répondis à tout, mais j'avais moi aussi des questions et je leur dis qu'elles étaient tout aussi importantes que les leurs. «Qu'a-t-elle? Qu'est-ce qu'on lui fait en ce moment? Une biopsie… Pourquoi, Seigneur? Que va-t-il se passer?»

Je finis par apprendre que Cécile était tombée parce qu'elle avait un cancer des os. Un cancer avancé avec des métastases partout, et que le chiropraticien, malgré des radiographies qu'il avait faites lui-même, n'avait pas su déceler.

«Elle n'en a plus pour longtemps.» C'est ce que m'affirma le docteur Bourgeault, sans sourciller. Je le regardai sans pouvoir parler. Il finit par me demander : «Vous n'étiez pas au courant?» Je fis signe que non. J'avais des larmes plein les yeux et j'aurais voulu une épaule sur laquelle pleurer. J'aurais voulu que quelqu'un me dise que ce n'était pas vrai. Je sentis l'horreur monter en moi. À soixante-trois ans, elle ne méritait pas cela. Je venais de commencer à l'aider, lui rendant la vie plus agréable et moins angoissante. Je m'étais juré de compenser, à la fin de sa vie, tout ce qu'elle avait fait pour moi et surtout la pauvre vie qu'elle avait eue. Le médecin tourna alors les talons en disant : «Ce n'est pas un cas intéressant pour moi. Je ne peux rien faire pour elle.»

J'eus envie de lui courir après, de l'arrêter et de lui dire qu'il ne savait pas à qui il avait affaire, que Cécile méritait qu'on la traite avec respect et déférence à cause ce qu'elle avait été, de ce qu'elle avait généreusement donné pendant toute sa vie. Je voulais qu'il sache qu'elle était une femme d'honneur. Mais il était déjà parti.

Je repensai à la sœur Marie-Reine-des-Anges de mon adolescence et à son histoire d'une seule place disponible à l'hôpital pour deux malades. Je retournai à l'admission pour bien faire savoir ce que je voulais pour ma mère.

Je la retrouvai dans une chambre privée peu de temps après, parce que je m'étais battue avec la préposée aux admissions. J'avais exigé aussi trois infirmières en permanence pour prendre soin d'elle. Je paierais. J'étais prête à payer n'importe quoi, à condition qu'elle soit traitée comme une reine. S'il était vrai qu'elle n'en avait plus pour longtemps, je voulais qu'elle n'ait pas à bouger le petit doigt. On commençait enfin à me prendre au sérieux. On m'avait dit qu'elle devrait reposer sur le dos presque tout le temps, et je ne voulais pas qu'elle en souffre. Je voulais qu'on lui frotte le dos dix fois, vingt fois par jour, si c'était nécessaire.

Elle avait les yeux pleins d'eau. Sa pauvre jambe droite était suspendue à un appareil par une poulie. Sa hanche fracturée était en traction, pour éliminer au maximum la douleur. Elle était couchée sur le dos et ne pourrait pratiquement plus se déplacer. Sauf une fois où une infirmière arriva à la mettre dans une chaise roulante, mais au prix de quelles douleurs ! Ce jour-là, pendant quelques minutes, je retrouvai l'espoir. Non pas de la voir guérie, mais de pouvoir la ramener chez moi, où je savais très bien ce que je ferais. Je connaissais Cécile et je savais ce qu'elle aurait voulu si elle avait su de quoi elle souffrait. Mais elle n'en savait rien, parce que nous avions choisi de ne pas lui dire la vérité tout de suite. Elle n'avait pas posé de questions et avait accepté nos explications invraisemblables. Nous lui avions dit qu'elle avait simplement une fracture de la hanche mais que, comme elle faisait un peu de diabète, il faudrait du temps pour qu'elle guérisse. J'avais entendu dire qu'il ne fallait pas forcer une personne malade qui ne posait pas de questions à recevoir la vérité contre sa volonté. Je respecterais cela, presque jusqu'à la fin.

Mais j'avais un plan. Il me paraissait important de lui offrir le choix. Je la savais intelligente, fière, et capable de décider par elle-même. C'est ainsi que je l'avais connue et aimée. Je souhaitais la reprendre à la maison et lui offrir le choix entre mourir tout de suite ou attendre la fin inéluctable à laquelle sa maladie la condamnait. Je voulais pouvoir lui dire : «J'ai ici les pilules qu'il faut. Je te les laisse. Je vais m'absenter jusqu'à demain. Quand je reviendrai, je saurai ce que tu as choisi. Et ton choix sera le mien.»

Son état ne me permettrait jamais de mettre mon plan à exécution. J'allais la voir chaque jour après l'émission et je passais le reste de la journée avec elle. Au début, elle parlait un peu. Je lui avais raconté que nous avions loué une maison à Percé pour l'été qui allait commencer et elle me dit que, quoi qu'il puisse arriver, il ne fallait pas que les enfants ratent leurs vacances. C'était donc la proposition que j'allais faire à André : il partirait avec les enfants, tandis que je veillerais ma mère jusqu'à la fin. Comme mon travail s'arrêtait également pour l'été, je restai avec ma mère des jours entiers, jusque tard le soir. Les infirmières, qui étaient devenues des amies, me tenaient au courant de l'évolution de la maladie.

Le 24 juin, de cette année-là, le défilé de la Saint-Jean avait lieu le soir, rue Sherbrooke. À l'hôpital, on nous avait prévenus qu'il fallait arriver très tôt si on voulait entrer, car les portes seraient fermées durant le défilé. J'arrivai le matin, et je trouvai ma mère dans une sorte de délire. Elle croyait qu'on voulait la voler, elle était terrifiée. Je sus, ce jour-là, que son cerveau était atteint.

Comme le défilé allait être diffusé à la télévision, je lui demandai si elle voulait en voir quelques images. Elle n'était intéressée par rien. J'ouvris quand même l'appareil et m'assis près d'elle pour lui décrire ce que montrait l'écran. J'avais l'impression de raconter une histoire à une petite fille. Puis il y eut des bruits dans la rue. J'allai à la fenêtre et, à mon grand étonnement, je vis que ce qui se passait dans la rue n'avait plus rien de commun avec les images de la télévision. La police à cheval chargeait les spectateurs. C'était un désordre complet. Je fermai la télévision et racontai à ma mère ce qui se passait. J'étais inquiète car je savais qu'André était dans la foule avec Sylvie. Mais Cécile s'endormit. Je restai à la fenêtre jusque tard dans la nuit avec une infirmière qui me raconta que le service des urgences de l'hôpital était débordé et qu'on ne cessait d'y amener des blessés, surtout des jeunes. J'appris aussi que tout ce mouvement avait été déclenché par la présence de Pierre Elliott Trudeau sur l'estrade d'honneur, en compagnie de Jean Drapeau, qui, lui, avait quitté sa place, laissant Trudeau faire face seul aux agressions de la foule. Je fus bouleversée. Celui en qui j'avais mis le peu de confiance qui me restait au sujet de ce pays provoquait volontairement mon ami de longue date Pierre Bourgault, que la police cherchait à frapper. Ma Cécile mourait doucement pendant qu'on se battait dans la rue. J'étais au cœur des événements, ne sachant de quel côté était ma place.

Je quittai l'hôpital vers deux heures du matin. La seule sortie pour les visiteurs passait par le service des urgences. Je vis des jeunes garçons et des jeunes filles allongés à même le sol, la tête dans les mains, souvent couverts de sang, attendant qu'on leur prodigue des soins car on s'occupait d'abord des blessés graves. Je cherchai un visage que je connaissais. Je ne trouvai ni André ni Sylvie. Je pleurais devant ces souffrances inutiles. Je pleurais sur

Cécile que je perdais petit à petit. Je fus étonnée de me retrouver en larmes devant un policier à la sortie, qui me conseilla de marcher d'abord jusqu'au boulevard De Maisonneuve, et peut-être plus au sud, pour trouver un taxi, la rue Sherbrooke étant encore fermée.

Les reporters de Radio-Canada, ayant ignoré les affrontements et agi comme s'il ne se fût rien passé d'inhabituel au défilé, faisaient la une de tous les journaux du lendemain. Seul le journaliste Claude-Jean DeVirieux avait eu le courage de faire son métier et il ne devait pas être couvert de félicitations pour l'avoir fait. Ce pays-là était vraiment tout à l'envers.

La famille partit pour Percé. Je passais mes journées complètes et une partie de mes nuits dans la chambre de ma mère. Son médecin voulait la transférer dans une maison pour malades en phase terminale. Je menaçai de faire descendre son lit au milieu de la rue Sherbrooke et de porter sa situation devant l'opinion publique. Il voulait récupérer son lit, disait-il, car on fermait pour l'été toute l'aile où elle se trouvait. Il n'arrêtait pas de me dire que je lui faisais perdre son temps et que le cas de Cécile ne l'intéressait pas du tout. Je finis par lui souhaiter de mourir exactement comme elle, pour comprendre enfin ce que cela pouvait signifier. L'hôpital aussi faisait des pressions. J'acceptai finalement qu'on la transporte dans une chambre privée dans une autre aile. J'étais décidée à leur tenir tête. Je ne voulais pas qu'on traite Cécile comme quelqu'un qui dérangeait les autres, car elle n'avait jamais dérangé personne de toute sa vie.

Le mois de juillet allait bientôt finir lui aussi. Ma mère était déjà morte, pour moi, car depuis des semaines elle n'avait pas repris connaissance. Mais je ne la quitterais pas avant la fin. J'eus un jour une discussion sérieuse avec son autre médecin, lui expliquant que, s'il y avait quelque part au monde un endroit où on pouvait la guérir, j'irais avec elle, quel que soit le coût. Il me dit qu'il n'y avait rien à faire. Je lui demandai alors combien de temps il avait l'intention de la maintenir en vie comme il le faisait, avec du Demerol aux quatre heures, alors qu'il savait parfaitement que la seule issue était la mort. Il était catholique et croyant. Il venait cependant de perdre une petite fille dans un horrible accident et je lui demandai si sa foi était aussi tranquille devant un Dieu qui permettait qu'une telle chose puisse arriver… J'avais touché un point sensible.

Il fit remplacer ce jour-là le Demerol par de la morphine. On passa de l'un à l'autre pendant la nuit. J'avais quitté le chevet de ma mère vers deux heures du matin, encore une fois, et j'arrivais à la maison, où j'étais seule, quand le téléphone sonna. L'infirmière me demandait de revenir immédiatement à l'hôpital. Cécile ne dormait plus. Elle était parfaitement lucide. La morphine n'avait pas sur elle le même effet que le Demerol. Elle trouva la force de me dire : «Je suis en train de mourir, je le sais. Veux-tu me dire pourquoi?» Cette fois, la question était posée. Je lui répondis : «Je vais tout te dire, maintenant. Seulement la vérité. Tu souffres d'un cancer généralisé. J'ai fait tout ce que j'ai pu pour te soulager, mais, malgré tout ça, tu ne vas pas t'en sortir. Malgré tous les efforts que nous avons faits, toi et moi, il n'y a plus rien à faire. Cesse de lutter pour rien et laisse-toi aller, maintenant. Tu ne souffriras plus et je ne t'oublierai jamais, aussi longtemps que je vivrai.» Elle me regarda pendant un moment, désemparée, puis elle me dit : «Est-ce que tu vas rester là?» Je lui dis que oui. Que, chaque fois qu'elle ouvrirait les yeux, je serais près d'elle, qu'elle n'avait rien à craindre. Elle ferma les yeux, soulagée.

Elle vécut encore toute la journée du lendemain, mais je sentais qu'elle ne se battait plus. À une heure, la nuit suivante, alors que ma sœur Raymonde pleurait doucement dans le corridor avec son mari, j'accompagnai ma mère jusqu'au bout, en suivant son pouls le long de son bras jusqu'à l'arrêt complet des battements dans son cou. Je fermai ses yeux sans pleurer. La femme qui reposait là en paix avait eu une vie misérable. Elle avait été mal placée quand les lots de bonheur avaient été distribués et elle en avait bavé plus souvent qu'à son tour. Nous étions le 1er août 1968.

Ma chère Cécile était morte. Mais les trois mois que j'avais passés à son chevet avaient été les plus importants de ma vie. J'avais revécu auprès d'elle toute sa propre vie d'abord, puis toute la mienne. Je l'avais vue mourir doucement en me révoltant contre le peu de chance qu'elle avait eu dans sa vie. Je savais maintenant que j'en voulais plus que cela pour moi-même. J'en avais assez d'être traitée comme je l'étais par un homme que je n'aimais plus. Je n'avais pas la vertu de ma mère et je savais qu'elle ne voulait pas que je la prenne pour modèle. Elle avait dû faire avec ce qu'elle avait pu sauver du désastre. Elle n'aurait certainement pas souhaité que je marche sur ses traces.

Les choses s'étaient décantées pendant ces semaines passées à la veiller dans une chambre où nous étions souvent seules toutes les deux. Je savais ce que je voulais et je savais aussi ce que je ne voulais plus. Dans le bilan que j'avais enfin eu le temps de faire, le négatif pesait trop lourd.

Je sortis de sa chambre, cette nuit-là, reconnaissante de la sérénité qu'elle m'avait donnée pendant que je la veillais. Je savais ce qu'était la mort, maintenant. Je l'avais vue en face et à l'œuvre. Je savais avec quelle traîtrise elle pouvait se présenter alors qu'on ne l'attendait pas. Je savais quelle cruauté elle pouvait revêtir sous ses multiples déguisements. Ma mère venait de tomber au champ d'honneur. Pour moi, elle était vraiment morte quelque part en juin, quand son cerveau avait paru atteint, mais elle avait eu la bonté de me donner le temps de me résigner à sa perte et de regarder bien en face ce que j'allais faire de ma vie. Sa présence silencieuse et souffrante m'avait donné la force nécessaire pour agir enfin, ainsi que la détermination d'aller jusqu'au bout.

On la mit en terre près de ma Marie-Louise, le 3 août. Deux jours plus tard, je partais pour Percé, rejoindre mes enfants et régler le reste de ma vie. J'avais trente-sept ans. Rendue peut-être déjà au milieu de ma vie, il m'apparaissait urgent de me reprendre en main.

Les enfants me reprochèrent de ne pas les avoir fait revenir pour assister aux funérailles de leur grand-mère. Ils avaient raison. Je ne sais pas pourquoi je n'y avais pas pensé. Sans doute avais-je tellement eu besoin de ce dernier rendez-vous avec ma Cécile que j'avais voulu le garder pour moi toute seule. Durant trois mois, j'avais été une fille plutôt qu'une mère, et j'en sortais enrichie et mieux équilibrée, me semblait-il. Du moins, je le souhaitais. J'aurais besoin, moi aussi, de toutes mes forces pour ce que j'allais entreprendre.

28

Percé sur les flots bleus

Je quittai Montréal pour la Gaspésie très tôt le matin du 5 août 1968, avant le lever du soleil. Mon fils m'avait demandé d'emmener un de ses amis, François, qui voulait se rendre à Percé. Je savais que François n'était pas bavard et cela m'arrangeait, mais, cette fois-ci, il n'ouvrit pas la bouche de tout le voyage. Nous fîmes un seul arrêt, vers midi, le temps de manger un sandwich, et nous repartîmes avec l'intention de foncer vers Percé pour y arriver avant la nuit. Les paysages, pourtant magnifiques, ne m'inté-ressaient pas. J'étais partagée entre le bonheur de retrouver mes enfants et le désir profond d'éclaircir la situation avec André. Je répétais des phrases dans ma tête, histoire de m'habituer à prononcer certains mots que je n'avais jamais osé dire à haute voix.

Quatorze heures après le départ, j'immobilisais ma voiture devant une petite maison, au bord de la mer, à quelques mètres du quai principal. J'entrai. André était là avec cinq ou six personnes que je ne connaissais pas. Il y avait de la bière et du scotch sur la table.

«Je ne t'attendais plus», dit-il. Je demandai où étaient les enfants. Il me présenta. Quelqu'un était en train de se servir une bière directement du réfrigérateur. J'étais épuisée. Je voulais seulement embrasser les enfants et dormir pendant des jours jusqu'à ce que je sois enfin reposée.

Ces gens-là étaient visiblement des habitués de la maison. Ils parlaient fort et riaient beaucoup. Je m'installai dans un coin en espérant pouvoir trouver quelque chose à manger assez rapidement, car j'avais faim. Les invités d'André commencèrent à dire au revoir. Ils lui donnaient rendez-vous pour un peu plus tard dans un restaurant. André leur promit d'être là.

Quand ils furent tous partis, André me dit une chose terrible que je n'ai jamais pu oublier : «C'est chaque fois la même chose. Quand tu arrives quelque part, les gens s'en vont.» J'étais bouche bée. Je venais de passer trois mois au chevet de ma mère. Elle était morte dans mes bras. J'avais préparé l'enterrement, réglé ses pauvres affaires en quelques heures, puis fait quatorze heures de route pour être accueillie de la sorte? Je n'en croyais pas mes oreilles. Je lui répondis : «Tu ferais bien de t'asseoir. Ça va prendre un moment, parce que c'est très important et que ça nous concerne tous les deux. Je veux que tu saches que si j'avais eu à me marier aujourd'hui, ce n'est pas toi que j'aurais choisi.» Il me regarda sans rien dire, puis il enfila un chandail en déclarant qu'il avait promis de rejoindre les autres et que nous avions tout le reste du mois d'août pour parler.

Je me retrouvai seule. Je n'avais plus de larmes. J'attendis les enfants, qui rentrèrent l'un après l'autre. J'étais si heureuse de les retrouver. Ils s'empressèrent de m'apprendre que des amies d'autrefois, Alice Reid, Françoise Steben et l'ex-femme de Raymond-Marie Léger étaient là aussi. Eux s'étaient fait beaucoup de nouveaux amis et ils m'apprirent que nous habitions juste à côté de la Maison du Pêcheur, que j'avais à peine remarquée et où, disaient-ils, il y avait toujours plein de monde.

Je leur racontai mes derniers jours à Montréal. Puis, après avoir avalé une bouchée, je décidai d'aller dormir.

Le lendemain matin, je ne savais pas à quelle heure André était rentré, mais je fus surprise, alors que je me faisais un café, de voir deux inconnus entrer dans la maison pour se servir de la bière directement du réfrigérateur. J'avais l'impression que cette maison était devenue un hall de gare ou un dépanneur où on se servait soi-même en passant. J'avais quand même bien envie de profiter de ces derniers jours de vacances puisque à la fin du mois nous allions tous rentrer à Montréal. Je me sentais complètement épuisée.

Je découvris aussi que la fameuse Maison du Pêcheur était en effet très fréquentée. Mon fils avait entrepris de tourner un film sur ses locataires et ses activités, car il connaissait un peu mieux les principaux occupants. Il s'agissait, entre autres, de Paul Rose et de ses amis. En 1968, je ne connaissais pas Paul Rose, ni personne d'autre fréquentant cette maison. Je devais cependant réaliser l'importance de ce petit film en 1970, durant la crise d'Octobre, quand je compris que ceux que la police re-cherchait alors y apparaissaient probablement tous. Lors de cette crise, je proposai à mon fils d'enterrer le film dans notre jardin du chemin de la Côte-Sainte-Catherine, ce que nous fîmes ensemble, tard le soir, tellement la peur s'était installée chez nous. Nous avions même sorti des livres de la maison pour les confier à des amis, à ce moment-là. À Percé, en 1968, je n'ai pas cherché à me lier d'amitié avec nos voisins. Mon esprit fut tellement ailleurs pendant ce mois d'août que je n'en eus pas envie.

Je retrouvai avec plaisir mes anciennes copines, que je n'avais pas vues depuis des années. Nous avions le plaisir de nous raconter ce que nous étions devenues, qui était encore marié ou qui avait déjà divorcé. L'amitié que je retrouvais était intacte. Aucune d'elles ne me parla d'André, sauf Alice, qui, en l'évoquant, faisait parfois des yeux découragés.

Un jour, je fis la connaissance d'une belle jeune femme qui s'appelait N. Je ne sais plus qui me la présenta. Elle avait de longs cheveux qu'elle portait sur les épaules, elle avait la peau mate, et elle était naturellement élégante. Quand je lui tendis la main, je la sentis mal à l'aise. Elle avait baissé les yeux plutôt que de me regarder franchement. Je sus immédiatement qu'André était déjà passé par là. Cela me confirmait que ma décision était la bonne.

Il était manifeste qu'André ne désirait pas en parler. Comme chaque fois qu'il nous sentait au bord de la crise, il se montrait charmant et amoureux. Cette fois-ci cependant, je refusai de me laisser prendre au jeu. Pas question de faire semblant, je connaissais trop bien la chanson. Mais il s'arrangeait subtilement pour ne pas me donner le temps nécessaire pour que je puisse lui faire part de ma décision. Il remettait sans cesse l'échéance. De mon côté, je ne voulais pas gâcher les vacances des enfants en créant un climat de tension et de mauvaise humeur entre nous. Je pris patience, en me conseillant de profiter du soleil et de l'air pur, et en me promettant de ne céder à ses avances sous aucun prétexte. Je ne parlai pas de N., sachant que, de toute façon, cela ne changerait rien à la situation. Et je continuai à jouer les épouses aveugles, puisque cela arrangeait tout le monde.

Seule dans mon coin, je repensais à ma mère. Je lui étais tellement reconnaissante de m'avoir obligée à m'arrêter pendant des mois, ce qui m'avait permis de remettre mes idées en ordre. J'avais cependant, pour la première fois de ma vie, le sentiment étrange qu'il n'y avait plus personne entre moi et la mort pour me protéger de celle-ci. La génération qui m'avait servi de paravent était partie. Mon père le premier, ma mère maintenant. D'avoir pu regarder la mort en face alors qu'elle s'emparait tout doucement de ma mère m'avait enlevé toutes mes peurs, y compris celle de mourir. Quand la mort viendrait, je serais prête. Mais j'aurais vécu avant, et autre chose que ce que j'avais connu depuis mon mariage. Ma seule consolation en ce qui concerne Cécile, c'était de penser qu'elle avait peut-être rejoint ma Marie-Louise. Peut-être que leurs forces magnétiques s'étaient retrouvées dans l'espace et que je pouvais les rappeler quand j'en avais besoin. Je passais des heures les yeux fermés, sur les plages froides du mois d'août, à leur parler. Je leur demandais de ne pas m'abandonner, de m'aider à être heureuse avant que je ne sois vieille à mon tour, et de m'aider surtout à défaire des liens qui étaient en train de m'étouffer.

À la fin d'août, je commençai à remplir les valises. Nous allions rentrer comme cela avait été prévu. Je n'avais toujours pas parlé à André de ma décision. Ma voiture étant trop petite pour ramener la famille en plus des bagages, il fut convenu que je rentrerais avec les filles tandis qu'André prendrait le train avec notre fils.

Pendant le voyage de retour, nous avons chanté dans la voiture, les filles et moi. Je me sentais déjà le cœur plus léger. J'avais trouvé comment je procéderais avec André. Je savais que, dès notre retour à Montréal, il partirait pour la Grèce. J'essayais de me convaincre que je n'avais rien dit à Percé parce que le moment opportun ne s'était pas présenté. Au fond de moi-même, je savais bien que je ne l'avais pas cherché outre mesure non plus. Je commençais à me traiter de lâche et je savais que je ne pourrais pas me regarder en face bien longtemps si je n'agissais pas.

Durant le trajet, je préparai le terrain en disant aux filles qu'il se pourrait bien que nous nous retrouvions souvent comme ça, entre nous. Il aurait fallu que je sois plus claire ou que je me taise. Je choisis de me taire.

Au retour, chacun fut très occupé, les enfants se préparant pour la rentrée des classes, moi pour la reprise du travail et André pour son voyage. Nous étions heureux de retrouver la maison, les amis, la ville. Je fixai un jour dans ma tête. Ce jour-là, il n'y aurait rien qui pourrait m'empêcher de mener mon projet à terme.

29

L'arène

André allait partir le lendemain pour la Grèce. Il était tard et il n'était pas encore rentré. Je l'attendis, ce que je ne faisais plus depuis longtemps car j'avais appris qu'il valait mieux dormir que de passer des nuits à attendre son mari à la fenêtre. Quand il finit par rentrer, je lui dis qu'il fallait que nous nous parlions avant son départ, que c'était très important et que cela ne pouvait pas attendre une minute de plus. Je l'invitai à passer au salon avec moi. Je refermai la porte en lui disant que nous ne sortirions de là que quand j'aurais fini de parler et que tout serait réglé entre nous.

Je commençai par lui résumer, sans méchanceté, nos dernières années de vie commune, en lui disant à quel point j'avais trouvé toute cette période difficile. Je lui expliquai que nos enfants, que nous aimions beaucoup tous les deux, avaient grandi. Je lui fis comprendre aussi à quel point la mort de ma mère m'avait aidée à voir clair en moi-même. Je lui dis alors que je voulais divorcer, que ma décision avait été mûrement réfléchie, et que j'avais même remis le moment de lui en parler, du jour de mon arrivée à Percé à cette nuit à la maison.

Il était très en colère. Il me dit : «Jamais tu ne me feras admettre que mon mariage est un échec.» Je lui répondis : «Il va bien falloir y arriver, parce que le mien en est un, et comme il s'agit bien du même mariage, que je sache… Moi, je ne veux plus de ce mariage.»

Nous en étions donc là.

Je lui expliquai que les dix-sept années que nous venions de vivre ensemble, plus les trois années d'attente avant le mariage, n'avaient pas toutes été mauvaises, loin de là. J'estimais avoir eu un mariage heureux pendant presque dix ans, ce qui était déjà très bien. Mais cela n'allait plus depuis longtemps. Nous avions rapiécé notre bout de bonheur si souvent qu'il ne restait plus rien de la pièce d'origine mais uniquement un immense rapiéçage dont moi, pour une, je ne voulais plus. Je voulais divorcer. C'était extrêmement clair pour moi. Il voulut savoir s'il y avait quelqu'un d'autre dans ma vie. Je lui assurai que non et que cela n'avait rien à voir. Je lui dis que je ne le quittais pas pour un autre, mais que je trouvais le moment particulièrement propice à une telle décision. Je désirais conserver la maison, que j'avais les moyens de payer seule. Je voulais garder les enfants, qui seraient bien plus une entrave à sa liberté qu'à la mienne. Je l'assurai aussi qu'ils pourraient le voir quand ils le voudraient, et que je ne fixerais aucune limite à ces visites. Que je souhaitais que nous nous quittions sans amertume, en faisant le constat que, si nous avions déjà été heureux, nous ne l'étions plus. Je lui dis aussi que je désirais lui rendre sa liberté par rapport à tous les engagements qu'il avait pris à mon égard. Que je ne le tenais responsable de rien et que je ne lui demanderais pas de pension alimentaire, pensant pouvoir continuer d'élever mes enfants sans qu'ils souffrent de l'absence du revenu paternel.

Il m'avait déjà avoué qu'il trouvait que j'avais fini par avoir la meilleure part car je faisais le métier qu'il aurait voulu faire lui-même. Il aurait voulu être animateur, journaliste de télévision. Je lui dis qu'il n'avait plus qu'à essayer de réaliser son rêve et que je voulais absolument qu'il se sente aussi libre que quand je l'avais rencontré pour la première fois. Je lui rendais toute sa liberté, sans lui laisser de responsabilités à assumer.

Il y eut parfois de longs silences. Il s'était calmé et moi aussi. Nous savions que nous arrivions au terme d'un mariage qui avait tenu contre vents et marées. Ce mariage, malgré ses multiples difficultés, avait eu ses moments de bonheur. Nous nous étions aimés passionnément. Nous avions été ballottés par la vie d'une ville à l'autre et, malgré ces inconvénients, notre amour était resté intact. Nous reconnaissions tous les deux que les années à Paris avaient été les plus difficiles. Et que notre pauvre bateau prenait l'eau de partout. Je lui affirmai que, chaque fois que je lui avais dit que je l'aimais, je le pensais sincèrement. Et qu'après l'affaire de sa liaison de deux ans, alors que je n'avais pas les moyens de le quitter, il y avait eu bien d'autres occasions par la suite où, étant parfaitement en mesure de m'assumer, j'avais librement choisi de rester. Mais que, cette fois-ci, c'était bien fini.

Je lui expliquai que ce que je souhaitais, c'était qu'à son retour de voyage, dans quelques semaines, il ne revienne pas à la maison pour y vivre. Il pourrait venir chercher toutes ses choses, mais il ne reviendrait pas vivre avec nous. Je me chargerais d'informer les enfants de notre décision commune.

Il était quatre heures du matin quand cette conversation se termina. Nous étions épuisés, mais tout avait été dit. Il finit par me prendre dans ses bras et nous avons pleuré. Quand je rouvris la porte du salon, tout était réglé.

Il partit le lendemain, comme prévu. Et au souper, le soir de son départ, j'expliquai aux enfants que désormais nous allions vivre sans lui. Je crois vraiment que nous pensions tous que c'était mieux ainsi. Je ne prétends pas que les enfants n'avaient pas de peine, mais ils sentaient bien que la situation n'était plus tenable pour moi. Je les rassurai en leur disant que nous resterions dans cette maison que nous aimions tous, que chacun continuerait ses études comme avant, et qu'ils pourraient tous étudier aussi longtemps qu'ils le voudraient. Je sentis qu'il s'établissait une nouvelle solidarité entre nous. Je leur dis aussi qu'il n'y avait personne d'autre dans ma vie et que j'espérais qu'il en soit ainsi pendant encore un long moment. Il n'y aurait donc pas un autre homme qui viendrait s'asseoir à notre table dans l'immédiat. Je crois que c'est exactement ce qu'ils avaient besoin d'entendre. Je précisai aussi que je ne dirais jamais de mal d'André, parce que je l'avais tellement aimé que je pouvais facilement comprendre que d'autres femmes puissent l'aimer aussi. Nous allions divorcer sans nous déchirer. André m'avait donné sa parole qu'il ne se défendrait pas en cour au moment du divorce.

Je savais ce qu'il me restait à faire. Je pris un rendez-vous avec mon avocat. On ne divorçait pas, à l'époque, aussi aisément qu'aujourd'hui. C'était une entreprise très compliquée, puisque la seule preuve acceptable par les tribunaux était une preuve d'adultère, ce qui donnait lieu à des histoires sordides où l'une des deux parties devait engager un détective privé pour prendre des photos expli-cites de l'adultère en question. Certains époux, écœurés de devoir aller jusque-là, créaient parfois des preuves de toutes pièces. On engageait une prostituée pour jouer la briseuse de ménage, ce qui était inacceptable pour bien d'autres couples. Il fallait donc bien préparer sa cause, car autrement le tribunal pouvait renvoyer les deux parties en leur suggérant de reprendre la vie commune. Notre divorce ne fut prononcé qu'en 1972.

Au retour d'André, les choses se sont passées comme prévu. Il me téléphona un jour pour me dire qu'il désirait venir prendre ses vêtements et ses effets personnels. Quand il arriva à la maison, je lui demandai si tout allait bien. Il me dit qu'il s'était organisé, sans me fournir de détails. Je devais apprendre beaucoup plus tard que, durant son voyage, il avait écrit à N., celle de Percé, lui demandant s'il pouvait venir vivre avec elle, et qu'elle avait accepté. Il était déjà installé chez elle, mais il ne m'en parla pas.

De mon côté, les choses allaient plutôt bien. Je réapprenais à dormir seule. Je me rendais compte toutefois d'un phénomène étrange : j'avais si souvent attendu André dans la nuit que je m'étais mise à attendre mon fils de la même façon. Il rentrait à minuit ou une heure du matin et je lui faisais la conversation avant de me rendormir. Je savais que je devais cesser de faire cela, mais il me faudrait beaucoup de temps pour y arriver.

Je me souvenais souvent de cette soirée où Cécile avait gardé les enfants à la maison pendant qu'André et moi étions allés à une réception. Nous étions rentrés vers une heure du matin. André avait bu et j'avais été inquiète de laisser ma mère repartir chez elle avec lui au volant. Une heure plus tard, comme il n'était pas encore revenu, je marchais de long en large, me reprochant amèrement de ne pas avoir appelé un taxi pour faire reconduire ma mère. Je n'osais pas téléphoner chez elle, de peur de ne pas avoir

de réponse et de voir ainsi se confirmer mes pires appréhensions. Je me décidai quand même à l'appeler. Elle
répondit. Je lui demandai si elle était rentrée depuis
longtemps, et elle comprit qu'André n'était pas de retour.
Elle s'empressa de me dire de ne pas trop m'inquiéter, qu'il
avait l'air en assez bon état quand elle l'avait quitté. Des
heures plus tard, n'y tenant plus, je téléphonai à certains
hôpitaux, puis, complètement découragée, à la police, pour
demander s'il n'y avait pas eu un rapport d'accident de
voiture quelque part en ville. Il n'y avait rien. Le policier
anonyme, au bout de la ligne, me demanda : «Est-ce qu'il
boit, votre mari, madame? – Oui, lui répondis-je. – Ne
vous en faites pas, ma petite dame. Les ivrognes, ça revient
toujours.» J'avais raccroché très vite. J'avais honte. Mon
fils avait été témoin de mes derniers appels et il m'avait
dit : «Va te coucher, maman. Il va finir par se retrouver.»

Le lendemain matin, au moment de commencer mon
émission, j'étais toujours sans nouvelles d'André. Je fis
quand même mon travail, et, à onze heures, au moment
où j'allais quitter l'immeuble de Radio-Canada, on me dit
que j'étais demandée au téléphone. C'était André, qui me
racontait qu'il s'était endormi sur un divan chez un ami,
où il disait qu'il s'était accroché les pieds. Il ne se sou-
venait pas d'avoir déposé ma mère. Je raccrochai aussi sec.

Tout cela était fini. Je n'aurais plus jamais à vivre cela.
Jamais.

Au moment du procès en divorce, N., qu'André avait
profondément aimée, je crois, venait de mourir, emportée
par un cancer en quelques mois. Ce fut pourtant son nom
à elle qui servit à faire la preuve d'adultère, sans photos,
mais avec des témoins qui avaient accepté de témoigner
par amitié pour nous.

La peine d'André était énorme. Un soir que j'étais allée chez lui, c'est-à-dire chez elle, pour finaliser nos propres affaires, je le trouvai tellement démuni que je faillis lui offrir de revenir à la maison. Me mordant les lèvres pour ne pas parler trop vite, suppliant ma Marie-Louise et Cécile de me retenir, je réussis à ne pas le faire, et je rentrai chez moi heureuse de ne pas avoir cédé à la pitié.

30

À nous deux, la vie!

Quand j'y repense, je ne sais pas où je prenais la force d'animer *Place aux femmes* pendant cette période. J'avais la réputation d'être drôle à l'antenne et je n'étais jamais à court d'humour, mais où je prenais les forces nécessaires pour accomplir mon travail, je n'en sais toujours rien aujourd'hui. Après le départ d'André, je vécus une sorte de convalescence. Je ne savais pas que j'aurais autant de choses à réapprendre. Je considérai ma nouvelle vie comme une sorte de rééducation. Autant la mort de Cécile m'avait mise en face de ma propre mort avec le sentiment qu'il n'y avait plus rien ni personne entre la Faucheuse et moi, autant le départ d'André me mettait en face de nouvelles responsabilités. Dans le quotidien, il n'y avait pas grand-chose de changé. J'avais toujours assuré l'intendance. Je payais les comptes quand il fallait les payer, et j'approvisionnais la maison pour toute la famille. Et ma première décision de «femme seule» avait été de faire construire une piscine dans mon jardin. Même si, vu de l'extérieur, cela pouvait apparaître comme une extravagance, j'avais surtout conçu ce projet en pensant que dorénavant je n'aurais pas les moyens de ne pas travailler durant l'été et que la piscine serait utile pour me donner l'illusion de vacances. Et puis j'avais trois adolescents à la maison, que je préférais savoir dans la piscine avec leurs amis plutôt que n'importe où ailleurs.

J'apprenais aussi à répondre aux gens que j'étais à la fois la femme et l'homme de la maison. Quand il fallait faire quelques réparations, changer les fenêtres de la salle à manger, ou autre chose, je décidais de tout. Je signais les contrats pour les travaux. J'assumais ma condition de femme seule, et je me sentais bien. Je m'assurais qu'il y avait toujours dans le réfrigérateur beaucoup de steaks prêts à cuire et tout ce que les enfants aimaient beaucoup. Ils pouvaient amener qui ils voulaient à la maison; il y avait toujours de la place. Quand je partais en voyage, je payais les billets d'avion des petites copines de Sylvie, pour qu'elle ne soit pas la seule de son âge. Tout allait bien.

Je vivais plus comme une veuve que comme une célibataire. J'avais commencé à me dire que si ma mère avait pu le faire, je pouvais le faire aussi. Il ne me serait pas venu à l'esprit de «changer d'homme», comme certaines le faisaient. Je vivrais seule aussi longtemps qu'il le faudrait. J'avais plein de choses à faire. Finir d'élever mes enfants, continuer une carrière qui était bien partie, rester disponible pour ce que la vie avait encore à m'offrir.

L'équipe de *Place aux femmes* me servait de famille d'appoint, en quelque sorte. François Cousineau, qui avait remplacé Paul de Margerie depuis quelques années, était un copain charmant. Il était follement amoureux de Diane Dufresne, et ses amours tumultueuses l'amenaient souvent à me faire des confidences et à me demander conseil. J'avais beaucoup de respect pour Diane, que j'avais toujours considérée comme une «très grande personne», et j'essayais d'expliquer à François, qui était souvent comme un «petit chien fou», ce qu'il fallait faire pour garder une «très grande personne» près de soi.

M.V. et moi étions redevenues les meilleures amies du monde. Il y avait quelqu'un d'autre dans sa vie et elle ne pensait plus à André. Du moins, c'est ce que je croyais. Mimi était retournée à Paris. Jacqueline était à Osaka pour l'Exposition universelle qui allait se tenir là-bas. Et moi je vivais un divorce avec le plus de discrétion possible. Je n'avais pratiquement prévenu personne, considérant que c'était sans aucun intérêt pour le reste du monde et désirant prendre le temps de guérir toutes mes blessures.

Je ne m'ennuyais jamais. J'écrivais pour des magazines. J'avais toujours des projets sur le métier. Petit à petit, je cessais de m'inquiéter d'André, et il m'arrivait même de répondre, à quelqu'un qui voulait m'en parler : «Je ne veux rien savoir. Ne me dites rien.» Je prenais mes distances. Je volais de mes propres ailes et j'aimais le résultat. Je me sentais complètement en paix avec moi-même.

Je devais souvent, au quotidien, faire des additions et des soustractions, pour savoir à chaque moment où j'en étais sur le plan financier. Je savais que je ne devais jamais perdre le contrôle des entrées et des sorties d'argent, parce que autrement je serais condamnée ou bien à dépendre de quelqu'un encore une fois, ce qui était totalement exclus, ou bien à accepter comme travail des choses qui me déplairaient mais que je devrais faire quand même par besoin. Mon désir de toujours pouvoir choisir ce que j'avais envie de faire comme travail se trouverait largement entravé si je ne tenais pas le coup financièrement.

J'en étais là quand j'appris que Radio-Canada mettait fin à *Place aux femmes* mais qu'on songeait à me confier l'animation d'une nouvelle émission, également avec public, en studio, qui durerait deux heures chaque matin. En l'apprenant, je fus enchantée. Je remerciai ma Marie-Louise et ma Cécile d'avoir veillé au grain pour moi. Je me dis que cette augmentation de revenu ne pouvait tomber entre les mains d'une meilleure personne.

Puis j'appris que le titre de l'émission serait «Place au *fun*», une idée de Claude Morin, qui, selon moi, ridiculisait ce que j'avais fait avec conviction pendant cinq ans. Je n'allais certainement pas me moquer moi-même de *Place aux femmes*, qui avait largement contribué à l'évolution des mentalités de ses auditeurs et auditrices. Et puis «Place au *fun*» était une insulte à la langue française, inacceptable pour moi. Morin essaya bien de m'expliquer, devant mon refus, qu'il voulait qu'on entende «Place-o-phone», mais je refusai quand même.

J'étais dans de beaux draps! Alors que j'avais pris toutes les responsabilités sur mes épaules, je perdais ma principale source de revenu. Elle était belle, ma nouvelle liberté! Je me sentis absolument terrifiée. J'étais incapable d'accepter le titre proposé sans renier des choses qui étaient importantes pour moi. J'avisai Radio-Canada que je ne ferais pas cette émission.

J'étais morte de peur. Pourtant, je savais que je ne devais absolument pas revenir sur ma décision. Il fallait, au contraire, que je tienne mon bout jusqu'à ce qu'ils décident de céder. Cela prit des jours et des jours. Puis je reçus un appel téléphonique me demandant si j'accepterais d'animer une émission qui s'appellerait *Studio 11*, un titre insignifiant qui ne prêterait à confusion pour personne. J'acceptai sans autre forme de discussion. Ma chance avait tourné.

Je n'avais rien dit aux enfants. Mais cette première épreuve m'apprit à ne jamais me laisser marcher sur les pieds par personne.

Je crois qu'enfin j'étais devenue tout à fait une adulte. J'allais doucement sur mes quarante ans. J'avais trouvé la route souvent cahoteuse, mais je savais exactement où j'en étais. J'avais assumé mon passé et j'avais hâte de savoir ce que l'avenir me réservait. Mes espoirs étaient toujours vivants et ma détermination n'était pas entamée. Je venais de franchir le palier le plus important de ma vie.

On dit que la vie commence à quarante ans, et j'attendais de vérifier si cela était vrai. J'étais prête. La vie elle-même avait toujours été ma meilleure alliée. À condition de toujours avoir ma Marie-Louise et ma Cécile à mes côtés, je pouvais espérer devenir un jour, comme elles, une femme d'honneur.

TABLE

imprimerie gagné ltée

IMPRIMÉ AU CANADA